Blessed Be Your Name

Gepriesen sei Dein Name

Hoffnung und Lobpreis mitten in Zeiten tiefster Finsternis. Weil sie ihre eigenen Kämpfe durchlebt haben, sind Matt und Beth in der Lage, uns überzeugende und lebensverändernde Ermutigung weiterzugeben.

Louie Giglio
Passion Conferences
Autor von *I Am Not, but I Know I AM* *

Es ist mir eine große Ehre, Matt und Beth zu meinen Freunden zählen zu dürfen, und es gibt wenige Menschen, denen ich mehr Respekt entgegenbringe als ihnen. Dieses Buch erscheint genau zum richtigen Zeitpunkt, um den Nöten in der heutigen Gemeinde zu begegnen. Praktisch auf jeder Seite erkennen wir, wo es an unserem Lobpreis noch fehlt. Jeder befindet sich irgendwann im Leben einmal auf dem absoluten Tiefpunkt, und interessanterweise finden wir gerade dann heraus, dass Gott uns so nah und vertraut ist wie nie zuvor. Matt und Beth ermutigen uns dazu, Gott in guten wie in schlechten Zeiten gleichermaßen Lob und Ehre zu erweisen.

Chris Tomlin
Liedtexter und Lobpreisleiter
Autor von *The Way I Was Made* *

Das bewegende Anbetungslied *Blessed Be Your Name* (Gepriesen sei Dein Name) ist ein Geschenk an die Gemeinde; wenn unser Leben zu zerbrechen scheint, stehen uns damit Worte voller Glauben zur Verfügung, mit deren Hilfe wir uns ausdrücken können. Matt und Beth hätten dieses Lied nicht schreiben können, wenn sie zuvor nicht ihren eigenen Schmerz bewältigt hätten. In diesem Buch lassen sie uns an ihrem persönlichen Leid teilhaben und geben uns weiter, mit welchen Schriftstellen Gott sie getröstet hat. Der Gott, dem wir dienen, ist so mitfühlend und mächtig!

Darlene Zschech
Liedtexterin und Lobpreisleiterin
Hillsong Church Sydney, Australien
Autorin der Bücher *Extravagant Worship* * und
Kiss of Heaven (Gerth Medien, Asslar 2004)

* Wenn nicht anders angegeben,
sind diese Bücher nicht in deutscher Sprache erhältlich.

Matt und Beth Redman

Gepriesen sei Dein Name

teamwork
Verlag, Musik+Handel GmbH

Titel der amerikanischen Originalausgabe: Blessed Be Your Name
Worshipping God on the road marked with suffering

Matt and Beth Redman

Regal
Published by Regal Books
From Gospel Light, Ventura, California, U.S.A.

teamwork 17.12
Verlag, Musik + Handel GmbH
Industriestraße 9
61191 Rosbach-Rodheim
E-Mail: info@teamwork17-12.de
www.teamwork17-12.de

ISBN 3-936811-12-1

Übersetzung: Susanne Mirkovic
Umschlaggestaltung: Creativ.Werbe.Design.Bonnert, Friedberg
Satz und Druck: Schönbach-Druck GmbH, Erzhausen

Für Rachel McColl

und Natalie Kathryn Brown

in liebevollem Gedenken

Rachel

Natalie

Inhaltsverzeichnis

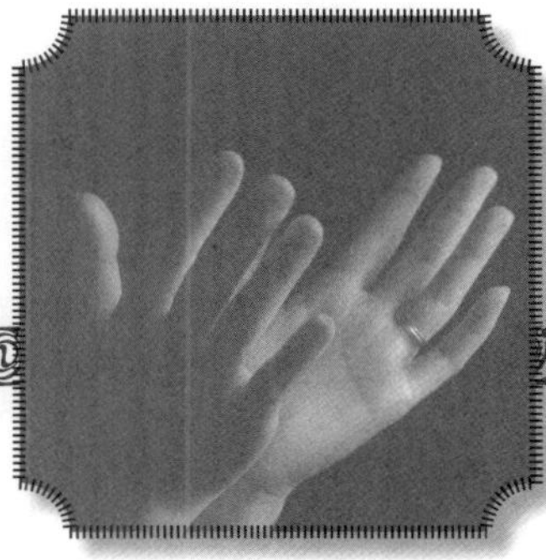

Vorwort

Fassungslos!

Geschockt!

Zurückgeworfen!

Erschüttert!

Wir haben alle schon schwierige Zeiten überstanden; allerdings ist es uns nicht allen gelungen, richtig damit umzugehen. Schicksalsschläge gehören zwar zum Leben, aber gerade das erste Mal ist besonders hart. Irgendwann wird jeder Mensch von Ereignissen überrollt, die ihm den Boden unter den Füßen wegziehen und ihn bis ins Mark erschüttern. Plötzlich scheinen alle Lebensperspektiven in Stücke zerbrochen. Wie von einem Blitz aus heiterem Himmel getroffen steht man hilflos und geblendet da, nur um sofort danach grollendem Donner und sonstigen Nachwehen des unwillkommenen Zufalls ausgesetzt zu sein.

Matt und Beth Redman kennen solche Erlebnisse aus erster Hand. Sie haben ihre persönlichen Erfahrungen in ein wunderbares Lied einfließen lassen, das sie der Öffentlichkeit zugänglich gemacht haben. Über das Lied hinaus, das uns angesichts ähnlicher Lebensumstände eine große Hilfe sein kann, bieten sie uns zur Ermutigung auch das vorliegende Buch an. Wenn dir diese Gefühle auch bekannt vorkommen, wenn du Prüfungen ausgesetzt warst, die zwar nicht deinen Glauben, aber dich selbst erschüttert und voller Fragen zurückgelassen haben, werden die Briefe und Matt und Beths eigene Erlebnisse ein Segen für dich sein. Dadurch erfährst du, wie der Heilige Geist uns inmitten der niederschmetterndsten Augenblicke des Lebens Halt in der Gegenwart des Einen geben kann, der als Einziger in der Lage ist, unseren Ängsten und Fragen mit *sich selbst* zu begegnen – der ultimativen und einzig angemessenen Antwort.

Als Scott Bauer, unser Schwiegersohn, der Ehemann unserer Tochter Rebekka, der leitender Pastor der „Church on the Way“-Gemeinde war, im Alter von 49 Jahren plötzlich an einer durch ein Aneurysma verursachten massiven Gehirnblutung starb, wurde dieses Lied für uns und die ganze Gemeinde zum rettenden Anker. In der so genannten Blüte seines Lebens wurde ein geliebter Ehemann, Vater und Hirte plötzlich in seine ewige Heimat abberufen. Wir glauben an Jesus Christus und vertrauen darauf, dass Scott beim Herrn ist. Das gab und *gibt* uns großen geistlichen Trost. Wenn sich jedoch ein derart schockierender Vorfall ereignet, erreichen Trost und Zuspruch selten sofort unsere wunden Gefühle und aufgewühlten Gedanken.

Gott nimmt uns das aber nicht übel. Die Tränen Jesu, die er am Grab von Lazarus vergoss, obwohl er doch wusste, dass er ihn in Kürze von den Toten auferwecken würde, sind Beweis genug dafür, dass er die Trauer versteht, die uns Menschen befällt, wenn das Leben uns mit Verlust, Prüfungen oder erschütternden Umständen konfrontiert. Wir *haben* eine Zufluchtsstätte in dem Einen, der „Mitleid hat" (siehe Hebr. 4,15) mit unseren Schwächen, Schmerzen und Kämpfen, und dürfen ihn jederzeit in Anspruch nehmen.

Wir als Familie und unsere Geschwister in der Gemeinde bekamen dieses Mitgefühl zu kosten, als das Lied, das Gott Matt und Beth geschenkt hatte, uns allen auf wunderbare Weise diente und Balsam der Heilung über uns ausgegossen wurde. Rebekka hatte mich am Tag nach Scotts Tod angerufen und gefragt: „Papa, können wir am Sonntag ‚Blessed Be Your Name' singen? Ich singe und spiele es bei mir zu Hause immer und immer wieder."

Zu meinem Leidwesen muss ich gestehen, dass ich das Lied nicht kannte. Da Scott die Leitung der Gemeinde übernommen hatte und ich oft auf Reisen war, war ich mit dem aktuellen Anbetungsrepertoire der Gemeinde nicht mehr vertraut. An diesem Sonntag jedoch lernte ich Matt und Beths Lied kennen, und ich kann gar nicht angemessen beschreiben, wie es uns in den ersten Tagen nach Scotts Heimgang mit immer neuem Glauben und darüber hinaus mit *Freude mitten im Leid* erfüllte. Wir sangen:

> ... Und wenn es dunkel um mich wird, Herr,
> sage ich immer noch ...:
> Gepriesen sei der Name des Herrn,
> gepriesen sei Dein herrlicher Name.

Was für ein Trost! Was für eine starke, Halt gebende, Schmerz lindernde, dynamische Aussage, inspiriert vom Wort Gottes!

Und so, Matt und Beth, richte ich meinen tief empfundenen Dank an euch. Ich weiß, wie jeder Komponist, dass man Lieder nicht einfach produzieren kann, man muss zuvor den persönlichen Preis bezahlt und ihre Wahrheit durchlebt haben. Ihr habt uns alle reicher gemacht, indem ihr uns in die tiefe Wahrheit geführt habt, dass Jesus zu kennen letztlich nicht bedeutet, „gesegnet zu werden" oder „Segnungen zu empfangen". Es geht vielmehr darum, ihn selbst – den unverändert Treuen – in allem, was geschieht, zu erkennen!

Wenn du, lieber Leser, dieses Buch in die Hand nimmst, bete ich, dass du gesegnet wirst und in eine ganz neue Dimension gelangst, die dich zutiefst bereichern wird. Die lernst du aber nur dann kennen, wenn du Gottes Liebe und

Trost *inmitten von Prüfungen und Leid* erfährst. Gottes Liebe und Trost offenbaren sich nicht nur durch die Zeugnisse, die in diesem Buch zu lesen sind, sondern sie sind auch zeitlos und kostbar in *seinem* Buch verheißen: dem festen, unerschütterlichen Bund des Wortes Gottes, das uns zusagt:

> Wenn du durchs Wasser gehst, so will ich bei dir sein ... Wenn du durchs Feuer gehst, sollst du nicht verbrennen (Jesaja 43,2).

Pastor Jack W. Hayford
Präsident der Foursquare Church International
Kanzler des King's College und Seminars

Blessed Be Your Name

Blessed be Your Name in the land that is plentiful,
Where Your streams of abundance flow,
Blessed be Your name.
And blessed be Your name when I'm found in the desert place,
Though I walk through the wilderness,
Blessed be Your name.

Every blessing You pour out I'll turn back to praise.
And when the darkness closes in, Lord,
Still I will say,

Blessed be the name of the Lord,
Blessed be Your name.
Blessed be the name of the Lord,
Blessed be Your glorious name.

Blessed be Your name when the sun's shining down on me,
When the world's „all as it should be",
Blessed be Your name.

And blessed be Your name on the road marked with suffering,
Though there's pain in the offering,
Blessed be Your name.

Every blessing You pour out I'll turn back to praise.
And when the darkness closes in, Lord,
Still I will say,

Blessed be the name of the Lord,
Blessed be Your name.
Blessed be the name of the Lord,
Blessed be Your glorious name.

You give and take away,
You give and take away,
my heart will choose to say,
„Lord, blessed be Your name".

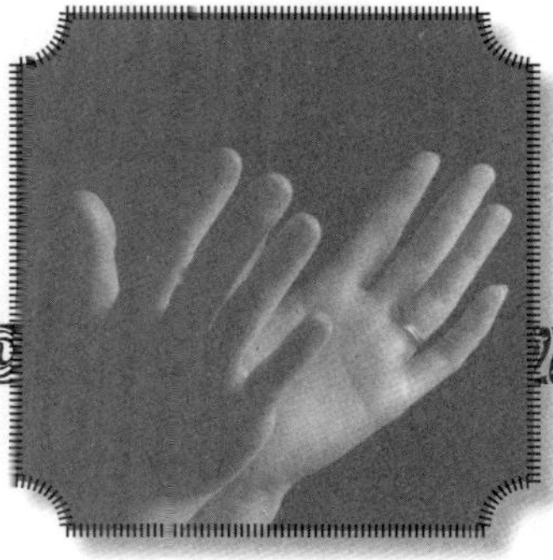

Einleitung

Während einer Ruhepause, die wir vor einigen Jahren einlegten, wurden wir zu einem Lied inspiriert, das wir „Blessed Be Your Name“ – „Gepriesen sei Dein Name“ nannten. Es umfasste die Themen Anbetung, Leid und Gottes Souveränität. Das Lied entstand aus der tiefen Überzeugung heraus, dass Gott zu loben immer die beste Entscheidung ist, die wir treffen können, ungeachtet dessen, ob wir gerade Freude oder Leid erleben. Dieses Lied drückt so viel aus, was wir auf unserem Weg mit Gott erlebten. Es spiegeln sich darin Zeiten der Vaterlosigkeit, in denen sich aber Gott als der ewig Treue erwies, und Zeiten der Ablehnung und des Missbrauchs wider, in denen er uns näher war, als wir je gedacht hatten. Durch die Gnade Gottes hatten wir bereits genug mit ihm erlebt, dass wir in der Lage waren zu vertrauen – ganz gleich, wie düster die Dinge erschienen, und dieses Vertrauen brachte Anbetung hervor.

Seit der Entstehung dieses Liedes hat uns das Volk Gottes an so vielen persönlichen Erlebnissen teilhaben lassen – Berichte über die härtesten Lebensumstände, von denen wir je gehört haben, in denen sich Menschen trotz allem voller Vertrauen und Lobpreis an Gott wandten. Briefe, Gespräche und E-Mails enthüllten die verschiedensten Geschichten von Missbrauch, Ablehnung und Schmerz und vom Verlust geliebter Menschen unter schockierendsten Umständen. Das verbindende Element in all diesen Berichten war die bewusste Entscheidung, mitten in einer Welt voller Schmerz unbeirrt an einem Lebensstil des Lobpreises festzuhalten. Alle Anbeter waren plötzlich von den Stürmen des Lebens überrascht worden und hatten sich trotzdem entschieden, im Glauben mit „Gepriesen sei Dein Name!“ auf die Person Jesu zu reagieren, obwohl ihr Herz zutiefst verwundet war. Ob Sonne oder Regen, Mühsal oder Entspannung, Verwirrung oder Klarheit, es gibt da eine Armee von Anbetern, die alle täglich neu mit unerschütterlicher Hingabe vor Gott treten. Dieses Buch ist für all jene Menschen gedacht, die sich ebenso danach sehnen, zu dieser Gruppe von hingegebenen Anbetern zu gehören.

Gottes unveränderliche Treue
ist heute dieselbe wie an dem Tag,
als er dich in Liebe erschaffen hat,
und seine Macht und Stärke
sind dieselben wie an jenem Tag,
als er die Welt durch sein Wort
in Existenz gesprochen hat.

Kapitel 1

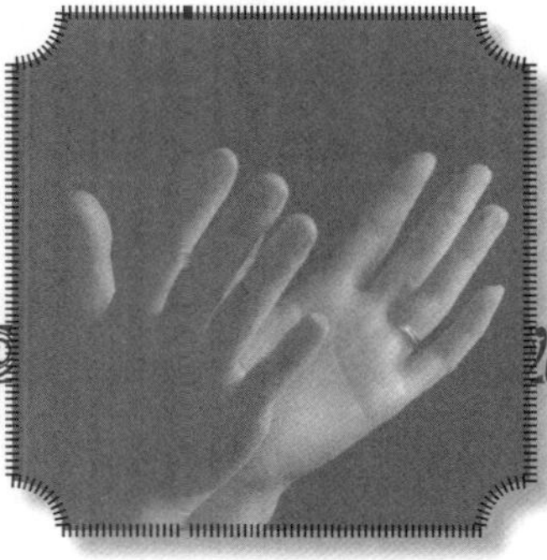

My Heart Will Choose to Say

Mein Herz entscheidet sich trotzdem zu sagen ...

Anbetung ist immer eine Entscheidung. Manchmal ist sie einfach und unkompliziert. Wenn das Leben friedlich und schmerzfrei verläuft, ist es nicht so schwer, Gott zu loben und ihm zu danken. Wenn sich die Zeiten jedoch ändern, ist dazu deutlich mehr Entschlossenheit erforderlich. Ist man gefangen in Schmerz und Verwirrung, wird „Ich preise dich trotzdem" zu einem Akt der Hingabe, der einen hohen Preis kostet. Jeder Anbeter erlebt irgendwann Zeiten, in denen Anbetung und Leiden zusammentreffen. In diesen Momenten zeigt es sich, zu welchen Anbetern wir gehören. Preis sei Gott für die Zeiten der Fülle und des Überflusses – diese unbeschwerten Tage voller Friede und Lachen. Wir preisen ihn aber auch in der Wüste – in den dunklen und stürmischen Zeiten, wenn unsere Seele wie die des Psalmisten aufschreit: „Wie lange noch, HERR?" (Ps. 6,4; NLB 2005).

Wenn Prüfungen kommen, muss das Vertrauen aufstehen. Wenn nichts da ist, das unser Boot zum Kentern bringen könnte, steht unser Glaube an Gott wohl kaum auf dem Prüfstand. Zeiten der Ruhe und des Friedens sind wunderbar; es wird jedoch nicht allzu lange dauern, bis der Wind an Stärke zunimmt und wir wieder einmal den Stürmen des Lebens ausgesetzt sind. Die Frage, die sich dann stellt, ist die: Finden wir immer noch den Weg zum Ort der Anbetung? Vielleicht haben wir Glauben genug für die Zeiten der *Windstille* – aber glauben wir auch an Gott als den Herrn des *Sturms*? Er ist sowohl Herr über den Orkan als auch über die sanfte Brise. Er ist der Eine, der herrscht und inmitten der Erdbeben, die unser Leben erschüttern, regiert; genau in den Zeiten, in denen unsere gesamte Welt ins Wanken gerät und auseinander zu brechen droht.

Für uns beide war das Erwachsenwerden nicht einfach. In unserer Kindheit und Jugend erlebten wir den Zerbruch unserer Familien und den Verlust von Angehörigen. In der Rückschau sehen wir unsere Erlebnisse als Zeugnis für die rettende und wiederherstellende Natur Gottes.

Matt

In den ersten sieben Jahren meines Lebens war ich ein unbeschwerter und zufriedener kleiner Junge. Das änderte sich eines Nachts im März 1981, als mein Vater plötzlich starb. Ich erlebte einen Schock und kann mich heute immer noch genau an den Moment erinnern, als ich von seinem Tod erfuhr. Ein paar Jahre später fand ich heraus, dass er in Wirklichkeit Selbstmord begangen hatte – für mich ein weiterer Schock, der noch mehr schmerzhafte Fragen auslöste. Hatte die ganze Sache etwas mit mir zu tun? Liebte er uns denn nicht genug, um bei uns zu bleiben? Es ist Gottes Gnade zu verdanken, dass diese schmerzliche Zeit mich zu ihm hin und nicht von ihm weg trieb.

Ein oder zwei Jahre später heiratete meine Mama (selbst eine leidenschaftliche Nachfolgerin Jesu) wieder, und anfangs dachte ich, ich hätte einen neuen Vater bekommen. Ein paar Jahre später wendete sich das Blatt jedoch, denn wir entdeckten, dass er gar nicht der aufrichtige und treue Mann war, als der er sich ausgab.

Er behandelte unsere ganze Familie schlecht und missbrauchte mein Vertrauen. Schließlich musste er uns verlassen. Wieder einmal waren wir „vaterlos".

Wenn die Seele solche dunklen Zeiten durchlebt, wird der Glaube entweder stärker oder er zerbricht daran. Zufriedenheit und Vertrauen bauen uns auf; Bitterkeit und Anklagen fressen uns auf. Im Lauf der Geschichte gab es unzählige Menschen, die der Bitterkeit verfielen und sich am Ende in einer schlimmeren Lage wiederfanden als zu Anfang.

Weise Anbeter wissen, dass es nur einen Weg gibt, auf dem wir Gesundung erleben, und der besteht darin, alles Wissen über die Person Gottes in Vertrauen und Lobpreis umzusetzen. Aus Gnade hatte ich bereits in meinen frühen Jugendjahren genug von Gott erkannt, um zu wissen, dass er gut ist – die Zeit würde erweisen, dass er die Fäden in der Hand gehabt hatte. Wenn ich jetzt zurückschaue, kann ich sein Vaterherz und seine mächtige Hand über meinem Leben deutlich erkennen. Im Lauf der Zeit hat sich gezeigt, was ich eigentlich von Anfang an gewusst hatte – dass Gott immer näher und freundlicher ist, als wir denken; er ist ein Vater für die Vaterlosen.

Auch Beth hatte eine schlimme Kindheit, sie wurde von Menschen tyrannisiert und misshandelt, die eigentlich ihre engsten Vertrauten hätten sein müssen.

Der Schlüssel für uns beide war die Tatsache, dass wir bereits so viel mit Jesus erlebt hatten, dass wir in der Lage waren, durchzuhalten. Wahrscheinlich versuchte der Teufel, unsere negativen Lebensumstände dazu zu benutzen, uns einzureden, dass Gott weder gütig noch barmherzig sei. Durch Gottes Gnade und im Bewusstsein unserer guten Erfahrungen mit ihm konnten wir ihm jedoch sogar in den Zeiten vertrauen, in denen nichts einen Sinn ergab.

Solche Zeiten kann man mit einem Anfall von geistlicher Reiseübelkeit vergleichen. Während der Autofahrt wird Reiseübelkeit dadurch ausgelöst, dass das Gehirn von den Sinnesorganen scheinbar widersprüchliche Informationen erhält. Nehmen wir einmal an, du liest während der Fahrt ein Buch. Die Gleichgewichtsorgane im Innenohr vermitteln dir, dass du dich schnell vorwärts bewegst, deine Augen vermitteln dir jedoch das Gegenteil. Deine Sinne widersprechen einander. Eine Methode, die Reiseübelkeit zu kurieren, besteht darin, sich die tatsächliche Sachlage klar vor Augen zu führen. Kurbelt man also beispielsweise das Autofenster herunter und hält die Hand in den Fahrtwind, hilft man seinem Gehirn zu erkennen, dass man sich tatsächlich in Bewegung befindet.

Dasselbe gilt für das geistliche Leben. Wenn schwere Zeiten kommen, versuchen wir verzweifelt, an unserem Wissen über Gott festzuhalten, werden aber gleichzeitig von unserer Notlage ins Wanken gebracht. Unser Wissen aus der Schrift sagt uns, dass Gott immer gut zu uns ist; dennoch scheint unsere gegenwärtige Notlage uns das genaue Gegenteil ins Gesicht zu schreien. Bald stellen wir eine Art geistlicher Reiseübelkeit fest wir sind hin und her gerissen zwischen der Wahrheit, die wir eigentlich zu kennen glauben, und dem tiefen Schmerz, der ihr zu widersprechen scheint.

Der Schlüssel ist, unser inneres Wissen mit zusätzlichen Offenbarungen zu untermauern. Geistlich gesprochen, kurbele dein Fenster herunter und strecke die Hand hinaus. Öffne deine Bibel und füttere deinen Geist mit der Wahrheit über Gott und seine Treue. Mehre deine Erkenntnis über Gottes Wesen, während du liest. Lass dich durch die Personen, die sich in ihren dunkelsten Stunden ganz auf Gottes Macht, seine Gnade und seine guten Pläne mit ihrem Leben verließen, ermutigen. Erinnere dich an die Dinge, die du selbst schon mit Gott erlebt hast, und daran, was Gott im Leben anderer Menschen, von denen du weißt, dass sie ihn lieben, getan hat. Wie oft hat er in schwierigen Zeiten seine große Freundlichkeit bewiesen! Wie oft hat er anscheinend erst in letzter Minute eingegriffen oder Dinge verändert, von denen niemals jemand gedacht hätte, dass Frucht daraus entstehen könnte! All das baut unseren Glauben auf, und Glaube facht immer auch die Flammen der Anbetung an.

Im Buch der Klagelieder finden wir ein wunderbares Beispiel dafür, wie ein schmerzgeprüfter Anbeter trotz seiner Umstände die Strategie des Erinnerns als Weg zum Lobpreis nutzt.

> Doch immer wieder muss ich daran denken und bin erfüllt von Verzweiflung und Schwermut. *Ich will mich an etwas anderes erinnern, damit meine Hoffnung wiederkommt* (Kap. 3,20-21, GNB; Hervorhebung durch den Autor).

Was für eine fantastische Art, diesem machtvollen Prinzip Ausdruck zu verleihen! Die Disziplin des Erinnerns verhilft uns zu neuer Hoffnung und lässt uns den Weg des Lobpreises wiederfinden.

In den nächsten Versen dieses Kapitels erinnert der Schreiber seine Seele daran, dass Gottes

> Erbarmen ... noch nicht zu Ende [und] seine Liebe ... jeden Morgen neu und seine Treue unfassbar groß [ist] (Kap. 3,22-23, vgl. GNB).

Wenn wir zum Bild von der Reisekrankheit zurückkehren, sehen wir, dass der Anbeter hier ganz bewusst das Fenster herunterdreht und seine Hand in den Fahrtwind hält, damit er Bestätigung und Stärkung seines Herzenswissens über Gott bekommt.

Der Verfasser der Klagelieder war nicht der Einzige, der diese Strategie des Glaubensaufbaus für sich nutzte. Auch die Psalmisten übten sich beständig in dieser Disziplin. In einer Vielzahl von Psalmen ruft sich der Schreiber die Geschichte der Treue Gottes ins Gedächtnis zurück und schlägt damit eine Brücke zu Anbetung und Hoffnung. Psalm 13 beginnt zum Beispiel mit einem Aufschrei der Verzweiflung, endet aber mit einer Erinnerung an die Begegnungen mit Gott, die der Verfasser in seinem Leben hatte:

> Wie lange, o HERR, willst du mich ganz vergessen?
> Wie lange verbirgst du dein Angesicht vor mir?
> Wie lange soll ich Sorgen hegen in meiner Seele,
> Kummer in meinem Herzen tragen Tag für Tag?
> Wie lange soll mein Feind sich über
> mich erheben? (V. 2-3)

Vier drängende Fragen eines Anbeters, der sich danach sehnt, seinem Leid zu entkommen. Und doch endet sein Lied mit der Entscheidung zu glauben und der Allmacht und Barmherzigkeit seines Gottes zu vertrauen:

> Ich aber vertraue auf deine Gnade;
> mein Herz soll frohlocken in deinem Heil.
> Ich will dem HERRN singen,
> weil er mir wohlgetan hat! (V. 6)

Der Psalmist lehrt uns hier eine wertvolle Wahrheit: *Erinnerungen setzen Freude frei.*

Seit Jahrhunderten hat das Volk Gottes Kraft in dieser Vorgehensweise gefunden. Nehmen wir zum Beispiel den

Verfasser des alten Kirchenliedes „The Solid Rock“ (Der feste Fels). Das Lied gründet auf der Wahrheit eines unveränderlichen und unerschütterlichen Erretters.

> When darkness veils His lovely face,
> I rest on His unchanging grace.[1]
> Wenn Dunkelheit sein liebliches Gesicht verhüllt,
> verlasse ich mich auf seine unveränderliche Gnade.

Anders gesagt: Wenn wir Gott manchmal in unserem Schmerz nicht mehr wahrnehmen können und Wolken der Sorge und Angst uns einhüllen, kommen wir nur vorwärts, wenn wir uns an das erinnern, was wir als Wahrheit erkannt haben und worauf wir uns verlassen können – die unveränderliche Gnade Gottes.

Es ist ein bisschen wie den Mond anschauen. Wir haben alle schon einmal den Vollmond gesehen, also wissen wir etwas über dessen Form. Allerdings erscheint er uns nicht immer gleich. In manchen Nächten sehen wir einen Halbmond, zu anderen Zeiten nur eine schmale Mondsichel. Manchmal sehen wir fast gar nichts – vielleicht nur die Andeutung eines Umrisses, der vom wolkigen Nachthimmel auch noch verdeckt wird. Dennoch ist der springende Punkt der folgende: Selbst wenn unsere Sicht auf den Mond eingeschränkt ist, wissen wir um seine Existenz und tatsächliche

---

1 Edward Mote, „The Solid Rock“, zitiert aus *The Celebration Hymnal* (n. p.: Word Music and Integrity Music, 1997), Lied Nr. 526

Form, weil wir sie von früher her kennen. Dasselbe gilt für uns als Anbeter auf dem Weg mit Jesus. Manchmal scheinen schmerzliche Lebensumstände uns den Blick auf Jesus und seine Güte verwehren zu wollen. Wir haben aber viele Male zuvor sein Wesen erkannt im Leben und aus der Schrift – und wir wissen, dass er auch jetzt noch genauso gut und freundlich ist, wie er immer war. Ein weiser Anbeter malt sich angesichts herausfordernder Umstände die Person Gottes vor Augen und ruft sich sein wunderbares und wohltuendes Wesen und seine Eigenschaften ins Gedächtnis zurück – dadurch findet er einen Weg zum Ort des Lobpreises. Aus Gottes eigener Geschichte – seinem Wort – heraus wissen wir, dass unser Vater im Himmel über unzählige Generationen hinweg immer wieder Großes und Einzigartiges vollbracht hat.

Als der Psalmist von Qual und Verzweiflung überwältigt wird, redet er sogar mit sich selbst. Er erinnert sich daran, dass da Einer ist, der ihn zu retten vermag, und spricht seiner Seele wiederholt gut zu, um Kraft und Hoffnung zu finden. In Psalm 42 ruft er zweimal aus:

> Was betrübst du dich, meine Seele,
> und bist so unruhig in mir?
> Harre auf Gott,
> denn ich werde ihm noch danken
> für die Rettung, die von seinem Angesicht
> kommt! (V. 5-6,11)

Wenn du gerade mit etwas zu kämpfen hast, nimm dir doch eine Minute Zeit und denke daran, dass Gott sieht, wie du kämpfst. Du kannst deiner Seele Hoffnung zusprechen. Wir dienen einem triumphierenden Erlöser, einem siegreichen König. Der allmächtige und liebende Gott ist treu in allem, was er sagt, und gnädig in allem, was er tut. Er ist der Eine, der keine Angst kennt, den niemand überwältigen oder austricksen kann. Er ist der Gott, der noch nie ein Versprechen gebrochen hat. Wenn er handelt, kann niemand etwas dagegen tun. Wenn er spricht, kehren seine Worte nie leer zurück; keines davon ist jemals verschwendet. Wenn er Türen öffnet, kann niemand sie schließen; will er Türen schließen, kann niemand sie öffnen. Niemand hat je seine Pläne durchkreuzt oder ihn ausmanövriert. Keiner hat je länger gelebt oder tiefer geliebt. Gottes Treue und Macht sind unverändert dieselben, seit er dich in Liebe und die Welt durch sein Wort erschaffen hat. Und er ist dir in deiner Zerbrochenheit so nahe und nimmt daran so viel Anteil, wie du zulässt.

Gott anzubeten bedeutet, ihm zu sagen, dass wir ihm glauben, was er über sich selbst sagt. Jeden Tag stehen wir vor der Entscheidung, ob wir ihn als den großen und barmherzigen Gott anerkennen und ehren, wie er selbst von sich sagt, dass er ist – oder ihn zurückweisen. So hart sich das anhören mag, die Wahrheit ist: Wenn wir Gottes Güte verleugnen, unterstellen wir ihm automatisch etwas Schlechtes. Ziehen wir die Allmacht und Stärke Gottes in Zweifel, lassen wir jedenfalls zu einem gewissen Grad durchblicken, dass er schwach ist und die Kontrolle verloren hat.

Wenn wir uns nicht dazu bringen können, auf die Fülle seiner Gnade zu vertrauen, unterstellen wir ihm vielleicht, zumindest teilweise, dass er einen gemeinen oder gleichgültigen Charakterzug besitzt. Es gibt hier tatsächlich keinen Mittelweg. Entweder ist er der allmächtige, liebende Gott, als den sein Wort ihn beschreibt – oder er ist es nicht.

Das mag hart klingen – bitte sieh diese Aussage im Zusammenhang mit dem unvorstellbaren Reichtum an Geduld, Freundlichkeit und Mitgefühl, den Gott in seinem Herzen für uns aufbewahrt. In seiner erstaunlichen Gnade freut er sich selbst über das unvollkommenste und zerbrechlichste Opfer – genau wie ein irdischer Vater sich über ein einfaches, aber von Herzen kommendes Kunstwerk seines Kindes freut. Und doch ist das nur ein Teil des Geheimnisses, denn unser Gott ist ebenso der majestätische und heilige König – vertrauens- und glaubwürdig aufgrund der wunderbaren Wahrheiten, die er über sich selbst offenbart. Er wünscht sich und fordert Glauben, Vertrauen und Gehorsam – er will Anbeter, die ihr Leben für die Wahrheit seines Wesens und seiner Eigenschaften riskieren. Ein Häftling eines Nazi-Konzentrationslagers kritzelte die folgenden Zeilen an seine Zellenwand – welch eine Herzenshaltung:

Ich glaube an die Sonne,
auch wenn sie nicht scheint.

Ich glaube an die Liebe,
auch wenn ich sie nicht fühle.
Ich glaube an Gott,
auch wenn er schweigt.[2]

Jeder Akt der Anbetung ist eine Entscheidung – man trifft die Wahl, Gott zu glauben, was er über sich selbst sagt, und das ihm gegenüber auch zum Ausdruck zu bringen, ganz gleich, wie bedrückend die Umstände auch sein mögen. Je größer der Schmerz, den wir empfinden, desto schwerer mag diese Entscheidung sein. Manchmal tappen wir wie blind durchs Leben und verstehen überhaupt nicht, warum wir eine bestimmte Situation ertragen müssen. Unser einziger Trost ist dann die Gewissheit, dass Gott nicht blind umhertappt, sondern voller Weisheit, Freundlichkeit und Festigkeit regiert. Wie wir in der Tat anfangen zu sehen, nimmt unser Vater im Himmel so oft unsere Momente, wo alles zerbrochen ist, und webt sie in ein mächtiges Wandbild zur Ehre seines Namens.

2 Von Unbekannt, zitiert aus *Can Anyone Be a Leader?* von David Pytches (Trowbridge, UK: Eagle Publishing, 2004), S. 43 – Jüdische Inschrift im Warschauer Getto)

Die Gemeinde Gottes

braucht eigene Lieder der Trauer,

des Schmerzes und der Klage

genauso sehr,

wie sie die Siegeslieder braucht.

Kapitel 2

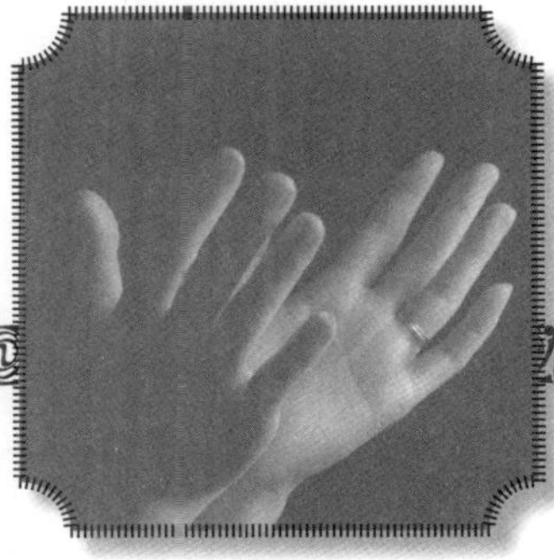

The Road Marked with Suffering

Wenn Leid unseren Lebensweg kreuzt

Am 15. September 2001 flogen wir nach Los Angeles, um uns in Kalifornien eine Auszeit zu nehmen. Vier Tage zuvor hatten wir, wie der Rest der Welt, schreckensstarr die Ereignisse des 11. September verfolgt, die die gesamte Nation zutiefst erschütterten. In den nächsten Tagen und Wochen, die wir in den Vereinigten Staaten verbrachten, verfolgten wir die Nachrichten im Fernsehen, sprachen mit Nachbarn, besuchten viele Gemeinden und begriffen nach und nach das volle Ausmaß der Terroranschläge. Jeder fühlte sich wie zerbrochen, und viele Menschen versuchten, in den Kirchen Trost zu finden. Unsere Vermieterin, die erst vor ein paar Wochen nach Manhattan übersiedelt war, betrat zum ersten Mal seit ihrer Kindheit wieder ein Kirchengebäude. In den ersten Wochen nach den Anschlägen stieg die Zahl der Kirchenbesucher in ganz Amerika drastisch an.

Wir hatten das Vorrecht, in dieser Zeit viele verschiedene Gemeinden besuchen zu dürfen. Die Prediger inspirierten und beeindruckten uns. So gut wie überall, wo wir hinkamen, waren die Predigten biblisch fundiert und voller Kraft und sprachen mitten in den Schmerz der Nation hinein. Wortgewandt und leidenschaftlich brachten die Pastoren das Herz Gottes für ein schockiertes und verwundetes Volk zum Ausdruck. Sie erinnerten die Menschen an Gottes Kraft und Souveränität. Und doch tauchte fast überall, wo wir waren, die beunruhigende Frage auf: Wo waren die Liedtexter in Zeiten wie dieser? Wo waren die musikalischen Poeten und Propheten, um dem Volk Gottes zu helfen, eine Stimme in der Anbetung in dieser tragischen Zeit zu finden? Die Wahrheit war, dass es an den meisten Orten, die wir besuchten oder an denen wir die Anbetung leiten durften, deutlich an Liedern mangelte, die in diese Zeit passten. Als Komponisten und Anbetungsleiter konnten wir nur mit wenigem aufwarten, was Hoffnung zum Ausdruck brachte; was aber Schmerz oder Klage betraf, reichte unser Wortschatz bei weitem nicht aus, um dem Schrei unseres Herzens Ausdruck zu verleihen. Ab und zu stießen wir auf ein hilfreiches Lied für solche Zeiten der Verletzlichkeit – größtenteils schien es uns und vielen anderen Anbetungsleitern aber schwer zu fallen, den richtigen Ton zu treffen. Die Wahrheit ist, dass die Gemeinde Gottes Klagelieder genauso sehr braucht wie Siegeslieder.

Dieser Mangel war uns nicht zum ersten Mal aufgefallen. Früher einmal waren wir nach San Diego in Kalifornien geflogen, um dort an einer Anbetungskonferenz teilzunehmen – nur Tage nach einer entsetzlichen Schießerei an einer Schule mitten im Herzen der Stadt. Da wir uns während einem der Gedenkgottesdienste noch in der Stadt aufhielten, bat man uns, die Anbetungszeit für einige der Schüler und deren Familien zu leiten. Wir nahmen an und überlegten, welche Lieder die richtigen für diese Gelegenheit sein mochten. „Whom Have I But You" (Wen habe ich außer dir?)[3] von David Ruis war ein Gottesgeschenk:

> Selbst wenn mein herrliches Morgenrot
> zu grauen Schatten wird,
> wen habe ich außer dir?

3 Auszug aus dem Lied „Whom Have I But You" von David Ruis, © 1996 Mercy/Vineyard Publishing (ASCAP)/Vineyard Songs (Kanada). Verw. durch Vineyard Music Global weltweit. Deutsche Übersetzung lt. engl. Original.

Auch das Kirchenlied „Amazing Grace“ (Unvorstellbare Gnade) und besonders der Vers mit „dangers, toils and snares“ (Gefahren, Mühsal und Fallstricken) nahm dabei großen Raum ein.[4] Wieder fühlten wir uns ein wenig wie in einem Vakuum. Wir bemühten uns sehr, weitere Lieder zu finden, die der Gemeinschaft helfen würden, das, was alle in dieser Zeit empfanden, auf gesunde, biblische und ehrliche Weise Gott gegenüber auszudrücken.

Ein paar Wochen nach dem 11. September schrieben wir das Lied „Blessed Be Your Name“ – „Gepriesen sei Dein Name“. Wir haben es nicht bewusst als Antwort auf diese düsteren Ereignisse geschrieben – aber zweifellos spielte die Tatsache, dass wir in das geistliche und emotionale Klima dieser Tage hineinversetzt waren, eine wichtige Rolle bei der Entstehung dieses Liedes. Auch heute fragen uns viele Menschen immer wieder, ob es ein ganz bestimmtes Ereignis in unserem Leben gab, das uns dazu bewegte, dieses Lied zu schreiben, aber um die Wahrheit zu sagen, die Antwort lautet nein.

Es ist wirklich ein Lied, das aus der Gesamtheit des Lebens heraus geboren wurde – aus der Erkenntnis, dass wir alle mit Zeiten des Schmerzes und der Unsicherheit konfrontiert werden. Gerade dann müssen wir eine Möglichkeit finden, unserem Innersten vor Gott Ausdruck zu verleihen. Die Gemeinde (und die Welt wahrhaftig auch) braucht Kla-

---

4 John Newton, „Amazing Grace“, zitiert aus *The Celebration Hymnal (n. p.: Word Music and Integrity Music, 1997), Lied Nr. 343*

gelieder, die die Möglichkeit geben, um Trauer, Leid und Schmerzen auszudrücken.

Das Volk Gottes hatte schon immer eigene Klagelieder. Das Buch der Psalmen ist voller intensiver Gefühle, und sie werden Gott gegenüber zum Ausdruck gebracht. Sehr viele Psalmen entstanden in Zeiten des Leids und des Ringens. Psalm 3 wurde verfasst, als König David auf der Flucht vor seinem eigenen Sohn Absalom war, der ihm nach dem Leben trachtete. Zu Psalm 56 wurde er inspiriert, als die Philister ihn in Gat gefangen nahmen. In Psalm 57 ist David wieder auf der Flucht, dieses Mal vor König Saul – und er schrieb das Lied, während er sich in einer Höhle versteckte. Diese Lieder entstanden im Feuer der Bedrängnis. Sie sind Verzweiflungsschreie eines Anbeters auf dem Leidensweg. Tatsächlich schätzt Eugene Peterson, dass etwa 70 Prozent des Buches der Psalmen inhaltlich auf Wehklagen basieren.[5]

Es ist also vollkommen biblisch, Klagelieder in der Anbetung zu singen. Sie entsprechen der Realität, denn wir leben in einer Welt voller Angst, Schmerz und Leid. Als Christen leben wir zwar im Sieg – aber paradoxerweise sind wir auch Fremde in einem fremden Land, sehnen uns schmerzlich nach einer Heimstätte und wissen tief in unserem Inneren, dass die Welt, die wir vor uns sehen, nicht so ist, wie sie sein sollte. Also stellt sich folgende Frage: Wenn Klagelieder ers-

---

5 Eugene Peterson, *The Message of David* (London: Marshall Pickering, 1997) n. p.

tens zutiefst biblisch und zweitens absolut treffend sind, warum in aller Welt gibt es dann nicht mehr Lieder, die uns helfen, den Schrei unseres Herzens auszudrücken?

Frederick W. Schmidt, Jr., schreibt, dass die Psalmen drei Dinge aufzeigen:

> Sie erlauben uns, persönliche Fragen nach dem Leid zu stellen. Sie helfen uns, Fragen zu stellen, die wir sonst wohl unterdrücken würden, denen wir aber letztlich nicht ausweichen können. Und sie zeigen uns, auf welche Art und Weise wir diese Fragen stellen können, ohne Angst haben zu müssen, unsere Beziehung zu Gott oder anderen Menschen aufs Spiel zu setzen.[6]

Diese Lieder helfen uns nicht nur, während des Lobpreises „authentisch" zu sein – sondern wie es Mark Greene vom London Institute for Contemporary Christianity (Londoner Institut für zeitgemäßes Christentum) formuliert, sie helfen uns, uns mit dem Schmerz der Welt solidarisch zu zeigen.[7]

Manche Menschen mögen das Argument ins Feld füh-

---

6 Frederick W. Schmidt, Jr., *When Suffering Persists* (Harrisburg, PA: Morehouse Publishing, 2001), S. 26, Übersetzung aus dem engl. Original.

7 Mark Green, Vortrag auf einer Konferenz für Liedtexter, England, November 2004

ren, dass Klagelieder kein angemessener Ausdruck gemeinsamer Anbetung sind – sie fragen: „Wie können wir solche Lieder singen, wenn gar nicht alle im Raum so empfinden?" Mark Greene kann uns in diesem Punkt nochmals weiterhelfen, er weist darauf hin, dass eine solche Denkweise viel zu individualistisch ist.[8] Unsere gemeinsame Anbetung ist ein Gemeinschaftsereignis. Daher trauern wir mit den Trauernden und weinen mit den Weinenden. Wenn uns gerade nicht nach Klagen zumute ist, können wir solch ein Lied vielleicht mitsingen, um uns mit Personen aus unserer Gemeindefamilie (oder der Welt) eins zu machen, die gerade leiden. Ein anderes Mal geht es vielleicht gerade diesen Menschen besser als uns und sie solidarisieren sich mit unserem Schmerz, während sie singen und Gott anrufen. Paulus erinnert uns in 1. Korinther 12:

> Wenn ein Glied leidet, so leiden alle Glieder mit (V. 26).

Für alle, die gerade leiden, ist es sehr befreiend zu erkennen, dass wir im Lobpreis Fragen stellen dürfen. Jesus selbst (unser Vorbild für vollkommene Anbetung) tat dasselbe, als er am Kreuz Todesqualen litt. Der gekreuzigte König aller Könige äußerte in seiner Angst und Qual Worte aus einem Klagepsalm, als er am Kreuz hing:

---

8 ebd.

> Mein Gott, mein Gott, warum hast du mich verlassen? (Ps. 22,1; Mk.15,34).

Hilfeschreie und qualvolle Fragen liegen absolut innerhalb der Grenzen gesunder und biblischer Anbetung. Die Psalmen liefern uns aufgrund vieler Anlässe entsprechende Vorbilder dafür. Was sie uns ebenfalls zeigen, ist, dass unterschwellig immer ein anbetendes Vertrauen auf Gott vorhanden ist. Der Aufschrei der Psalmendichter, wie laut oder lang, düster oder verzweifelt er auch sein mag, irrt niemals in den Bereich der Anklage ab. Niemals deuten die Psalmisten auch nur an, dass Gott vielleicht doch nicht derjenige ist, als der er sich selbst darstellt. Schmidt Jr. bemerkt, dass die Verfasser „sich abmühen und Verständnis zu erlangen suchen und dann aufgrund dessen, was sie lernen, handeln. Dennoch ist Antworten auf ihre Fragen zu bekommen nicht die Grundlage ihrer Beziehung zu Gott.“ [9]

Obwohl ihnen jegliches Selbstvertrauen abhanden gekommen sein mag und trotz des Ringens um Kraft und Glauben, verlieren sich diese Anbeter niemals in äußerster *Hoffnungslosigkeit*. In äußerster Schwachheit und Verzweiflung, ja. Und doch, selbst in Zeiten tiefster Verzweiflung kann man immer einen Unterton von Hoffnung wahrnehmen – eine tiefe Gewissheit, dass im Tal des Todesschattens, das sie gerade durchwandern, Gott genau derjenige ist,

---

9 Schmidt, Jr., *When Suffering Persists,* S. 28, übertragen aus dem Engl. Original.

als der er sich geoffenbart hat. Er ist sowohl Hirte als auch starke Burg – der Gott herzlichen Erbarmens und unvergleichlicher Stärke. Gott freut sich über solche Opfer – ein unterschwelliges Vertrauen auf seine Güte und Größe, wenn unsere Umstände unserem Glauben scheinbar völlig widersprechen. Vielleicht auf dieselbe Art, wie ein Samenkorn des Glaubens ausreicht, einen Berg zu bewegen, ist ein Samenkorn der Hoffnung und des Vertrauens genug, um das Herz des allmächtigen Gottes zu bewegen.

Unser lieber Freund Tim Hughes[10] schrieb ein ausdrucksvolles Lied, das sich genau um dieses Thema des Klagens und Fragens dreht – es liegt unterschwellig Vertrauen zugrunde, das gar nicht weit von der Oberfläche entfernt ist. Der suchende Aufschrei der Strophe erlaubt uns, ehrlich vor Gott zu sein – in unserer Zerbrochenheit auszudrücken, dass unser Leben nicht so verläuft, wie wir es gerne hätten:

> Ich hatte Fragen und keine Antworten darauf.
> Ich habe Schmerz und Qual erlitten.

Dennoch wird uns als Nächstes mit wunderbaren Worten gezeigt, wie jemand trotz eines gebrochenen Herzens Gott auf eine Weise loben kann, die sich Schritt für Schritt heilsam auswirkt:

---

10 Tim Hughes, „When The Tears Fall", © 2003 Thankyou Music/Verw. durch worshiptogether.com songs. Außerhalb von England und Europa Verw. durch Kingsway Music: tym@kingsway.co.uk. Used by permission.

> Wenn alle Hoffnung dahin ist, sage ich: Du bist mein Erretter!
> Wenn ich von Schmerz erfüllt bin, sage ich: Du bist der Gott, der mich heilt!

Wenn wir uns verlassen oder hoffnungslos fühlen, müssen wir verkünden, dass er der Erlöser ist. Wenn wir von Qual und Schmerz überwältigt wurden, müssen wir uns demjenigen zu Füßen werfen, den wir als unseren Arzt kennen. Selbst wenn unsere Umstände uns andere Verhaltensweisen vorzuschreiben scheinen, müssen wir, wenn wir heil werden wollen, so schnell wie möglich bekennen, was wir in unserem Herzen als die Wahrheit über Gott erkannt haben.

Wir sollten wissen, dass wir, indem wir diesen Stand einnehmen, nicht mit Gott *handeln*. Dies ist kein Fall von „eine Hand wäscht die andere", oder anders ausgedrückt, „ich nenne dich Erlöser, wenn du mich dafür heilst". Wir bekennen ihn als den, der er ist, und überlassen uns dann seiner Gnade und seinem guten Urteilsvermögen. In seiner unendlichen Weisheit und Freundlichkeit kann es durchaus Gottes Wille sein, uns Heilung zu schenken. Vielleicht müssen wir aber eine Zeit lang darauf warten, dass unsere Situation sich verändert. Vielleicht werden wir im Diesseits gar nicht geheilt. Auch wenn das der Fall sein sollte, heißt das nicht, dass Gott an Weisheit oder Gnade verloren hätte. Eines Tages finden wir vielleicht sogar selbst heraus, wie gnädig und weise Gott war, indem er uns die Heilung versagte. Wir sind völlig in den Händen seiner großen Gnade und Weisheit.

Die Geschichte von Sadrach, Mesach und Abednego im Buch Daniel veranschaulicht diese Haltung sehr deutlich. Ihre Weigerung, sich vor jemand anderem als ihrem Gott in Anbetung zu verneigen, bedeutete für die drei Anbeter, lebendig in einen glühend heißen Feuerofen geworfen zu werden. In den Augen ihres Angreifers und seines Hofstaats war das der sichere Tod. Dennoch weigern sie sich trotz mehrfach wiederholter Drohungen, ihre Knie zu beugen, und erklären:

> Wenn es so sein soll – unser Gott, dem wir dienen, kann uns aus dem glühenden Feuerofen erretten, und er wird uns bestimmt aus deiner Hand erretten, o König! *Und auch wenn es nicht so sein soll*, so wisse, o König, dass wir deinen Göttern nicht dienen und auch das goldene Bild nicht anbeten werden, das du aufgestellt hast! (Dan. 3,17-18, Hervorhebung durch den Autor).

Natürlich endet die Geschichte damit, dass sie das Feuer überlebten, ohne dass auch nur ein Haar auf ihrem Kopf versengt worden wäre. Sie rochen noch nicht einmal nach Rauch. Der Punkt, um den es aber eigentlich geht, ist ihre Haltung – sie ist ein großes Vorbild für uns als Anbeter. In unseren dunkelsten Stunden müssen wir Jesus als den Einen bekennen, der die Macht hat, uns zu heilen, und genügend Erbarmen besitzt, um uns zu retten. Dennoch müssen wir im tiefsten Herzen die Entscheidung getroffen haben, dass es keinen Einfluss auf unsere Anbetung hat, wenn wir aus irgendeinem Grund nicht aus unserer Zwangslage befreit werden. Manchmal werden wir unserem eigenen glühenden Feuerofen gegenüberstehen – das kann Verfolgung oder jede andere Art von Leid sein. Für uns gilt dann dasselbe Prinzip wie vor dreitausend Jahren für die Freunde Daniels. Unsere Anbetung ruht in dem tiefen inneren Wissen um die Souveränität Gottes und sein Vaterherz.

Irgendwann einmal werden wir beide Seiten kennen – Zeiten, in denen Gott unsere Bitte um Heilung oder Errettung erfüllt, und Zeiten, in denen er das nicht tut. Während ich dies schreibe, befinden wir uns zum Beispiel mitten in einer schmerzhaften Bewältigungsphase – vor kurzem haben wir zum dritten Mal hintereinander eine Fehlgeburt durchlitten.

Beth

Als Matt und ich wieder und wieder den Verlust eines Babys verkraften mussten, tat ich das, was so viele Menschen tun, wenn sie leiden – ich begann zu bemerken, dass alle anderen um mich herum vorankamen und gesegnet wurden.

Menschen, die noch nicht einmal den Versuch unternahmen, Gott zu ehren, schienen ohne jede Mühe ein erfolgreiches Leben zu führen. Ich war bestürzt und verwirrt. Alles schien so verkehrt – ich versuchte, ein gerechtes Leben vor Gott zu führen, und mein Ziel war, Demut und Gehorsam zu lernen – und jetzt schien ich sogar noch dafür bestraft zu werden. Psalm 73 brachte meine Gefühle recht gut auf den Punkt:

> Ich aber wäre fast zu Fall gekommen.
> Beinahe hätte ich den Boden
> unter den Füßen verloren.
> Denn ich habe die stolzen
> Menschen beneidet, als ich sah,
> wie gut es ihnen trotz ihrer Bosheit ging.
> Sie scheinen ein sorgloses Leben zu führen
> und sind stark und gesund.
> Sie müssen sich nicht wie die anderen
> Menschen abmühen und werden nicht
> wie alle übrigen von Sorgen geplagt.
> War es denn völlig umsonst,
> dass ich mein Herz rein hielt
> und kein Unrecht beging?
> (V. 2-5,13, NLB).

Mit das Schlimmste, was ich in meinem Leben durchmachen musste, war, den winzigen leblosen Körper meines Babys, dessen Herz aufgehört hatte zu schlagen, auf dem Ultraschallmonitor zu sehen und es noch im Anfangsstadium der Schwangerschaft auf natürlichem Weg zu gebären und Jesus zurückgeben zu müssen. Warum passierte so etwas? Dann noch zwei weitere Babys nacheinander auf dieselbe Art zu verlieren war fast mehr, als ich ertragen konnte – und das, obwohl ich Gott von ganzem Herzen gesucht hatte. Ich spürte, wie Bitterkeit mich zu überwältigen drohte, und Psalm 73 schien meinen Schmerz wieder genau zu beschreiben:

> Ich muss dir wie ein unvernünftiges
> Tier erschienen sein (V. 22, NLB).

In der Anfangsphase meiner ersten Fehlgeburt zog ich mich zurück und kämpfte im Gebet. Als ich im Begriff stand, das Baby auch körperlich zu verlieren, flehte ich Gott an, denn ich wusste, dass er die Macht hatte, es zu stoppen. Ich war wie Hanna im Tempel, die flehte und um das Baby weinte, nach dem sie sich so sehnte. Ich wusste, dass das Baby in einem Augenblick wiederhergestellt werden und die Schwangerschaft weitergehen könnte. Würde Gott mir seine Gunst erweisen und mir gnädig sein, wie er es bei Hanna getan hatte?

Aber dann kam der Moment, in dem mir klar wurde, dass alles vorbei war und ich das Baby verloren hatte. Von diesem Augenblick an konnte ich mich eher mit König David identifizieren, der selbst auch ein Kind nach viel Gebet und Flehen verloren hatte (siehe 2. Sam. 12). David akzeptierte den Verlust seines Kindes als höheren Willen Gottes, stand vom Boden auf und betete ihn an. Es gibt ein Gebet mit dem Text: „Gott gebe mir die Gelassenheit, Dinge hinzunehmen, die ich nicht ändern kann." Es spiegelt sich in der Schönheit von Davids Hingabe in diesem Augenblick wider. Es gibt eine Zeit des Klagens und Weinens, des Flehens, Schreiens und Trauerns. Aber es gibt auch eine Zeit, die Situation anzunehmen, vom Boden aufzustehen und irgendwie zu versuchen, Gott anzubeten.

Nach der zweiten Fehlgeburt war meine Trauer noch größer, und mir wurde klar, dass alles, worüber ich mit Gott noch sprechen konnte, meine Sehnsucht nach einem Baby war. Fast wäre es zu meinem Götzen geworden – denn mein Wunsch nach einem Baby begann größeren Raum einzunehmen als mein Verlangen und mein Bedürfnis nach Gott. Bald wurde ich überführt – und fand wiederum Trost in den Worten aus Psalm 73:

> Doch ich gehöre noch immer zu dir,
> du hältst meine rechte Hand.
> Du wirst mich nach deinem Rat leiten

> und mich schließlich in Ehren aufnehmen.
> Wen habe ich im Himmel außer dir?
> Du bist mir wichtiger als alles andere auf der Erde.
> Selbst krank und völlig geschwächt,
> bleibt Gott der Trost meines Herzens,
> er gehört mir für immer und ewig (V. 23-26, NLB).

Durch seine Gnade sah ich die Dinge in einem neuen Licht – selbst wenn ich nie mehr ein Baby bekommen sollte, hatte Gott mir in Jesus Christus bereits alles gegeben, was ich brauchte.

Kurz nach der dritten Fehlgeburt fühlten wir uns von den Worten aus 1. Thessalonicher 5,16-18 herausgefordert:

> Freut euch allezeit! Betet ohne Unterlass!
> Seid in allem dankbar; denn das ist der Wille
> Gottes in Christus Jesus für euch.

Mitten im Aufruhr der Gefühle ist es völlig in Ordnung, zu trauern, und es ist heilsam, unseren Schmerz vor Gott zu bringen. Es ist aber auch Gottes Wille, ungeachtet der Umstände in Jesus Christus freudig und dankbar zu sein und zu beten. Manchmal erscheint uns das fast zu schwer – wenn wir es aber ergreifen können, ist die daraus resultierende tiefe und befreiende Wahrheit, dass wir niemals völlig freudlos sein können, wenn wir in Jesus Christus sind. Der Apostel Paulus beschrieb das mit den Worten: „... als Betrübte, aber immer fröhlich." Ich trauere immer noch – aber in der Tiefe meines Herzens weiß ich, dass Gott selbst mehr ist, als ich jemals brauchen werde. Und ich weiß auch, dass wir, wenn es sein Wille ist, wieder ein Baby in den Armen halten werden, und dass dann kein verschlossener Mutterleib, kein Zustand, für den die Ärzte keine Erklärung haben, keine Altersgrenze oder genetisch bedingte Ursachen seinen Plan verhindern können.

Vor ein paar Jahren entdeckten wir ein altes Kirchenlied von Laurence Tuttiett[11] – einem Anbeter, der sich entschieden hatte, unter allen Umständen zur Ehre Gottes zu leben und diesem Entschluss in wunderschönen Worten Ausdruck verlieh:

> Vater, ich weihe dir mein ganzes Leben,
> Ganz gleich, in welchem weltlichen Zustand
> Du mich haben willst.
> Ich wage nicht, Freiheit von Sorge, Schmerz
> oder Kummer zu fordern,
> Dies allein ist mein Gebet: Geheiligt werde
> Dein Name.

---

11 Laurence Tuttiett, „Father, Let Me Dedicate", 1864. Im engl. Original steht in der ersten Zeile „year" (Jahr) statt „life" (Leben).

Dieses Lied zu singen, kann einen hohen Preis kosten – und ohne einen tiefen Glauben an Gottes souveräne Weisheit und Macht und sein gnädiges und freundliches Vaterherz wäre das viel zu riskant. Das Kirchenlied geht wie folgt weiter:

> Kann ein Kind sich aussuchen, wo oder wie es leben will?
> Kann die Vaterliebe das Beste zurückhalten? ...
> Mein Herz ist froh und singt, stets bekenne ich Dich als meinen Gott.
> Ganz gleich, was die Zukunft auch bringen mag, geheiligt werde Dein Name.

Das ist ein gewaltiges Lobpreisopfer – vor Gott zu stehen und zu geloben, ihn immer über die Umstände zu stellen, ihn zu lieben und ihm nachzufolgen, was immer auch geschehen mag. Diejenigen, die solches tun, werden niemals enttäuscht werden – denn man kann Gott nie mehr geben, als er zurückgibt. In dieser gespaltenen Welt gibt es viele Dinge, die wir erst im Himmel verstehen werden. Und wir schöpfen einfach Zuversicht aus der Tatsache, dass Gott alles ist, was wir haben – und doch mehr, als wir jemals brauchen werden. John Piper schreibt:

Es gibt Zeiten des Schmerzes und des Verlustes, der Trauer und der Dunkelheit, in denen es nicht lohnt, nach etwas anderem als nach Gott zu fragen.[12]

12 John Piper, *Pierced by the Word* (Sisters, OR: Multnomah Publishers, 2003), S. 40 – Übersetzung direkt aus dem engl. Original.

Wie oft bereitet Leid

den Boden für grössere Fruchtbarkeit vor!

Kapitel 3

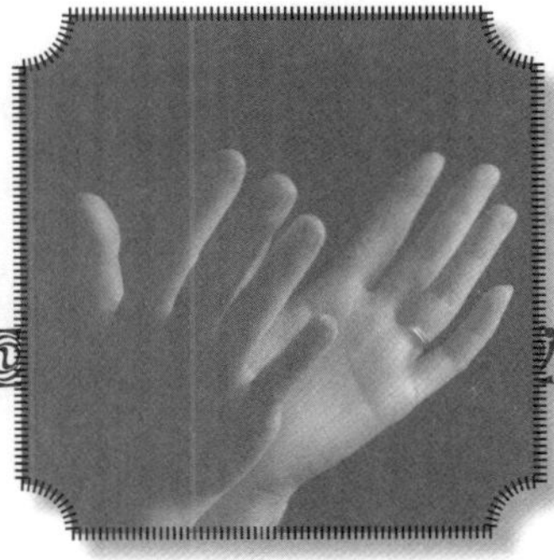

Though There's Pain in the Offering

Obwohl das Opfer schmerzlich ist

Keiner kann daran zweifeln: diese Welt ist ein harter Ort, um darin zu leben. Jeden Tag setzen über 2000 Menschen ihrem Leben durch Selbstmord ein Ende.[13] Niemand

13 „Mental Health", *World Health Organization*, 2005. Online im Internet: http://www.who.int/mental_health/en/ (05-05-04)

geht unberührt von Tragödien durch diese Welt. In unserem ganzen Umfeld kämpfen Menschen darum, irgendwie mit dem Leid fertig zu werden – so viele Geschichten über Depressionen, Ablehnung, unheilbare Krankheiten, Fehlgeburten, Todesfälle und viele andere Nöte. In größerem Rahmen sieht das Bild fast noch düsterer aus. Ein kurzer Blick in die Abendnachrichten genügt, um uns daran zu erinnern, an was für einem brutalen Ort wir wohnen. Fast kein Tag geht vorüber, ohne dass irgendeine größere Tragödie über den Bildschirm flimmert. Überschwemmungen und Erdbeben, Selbstmordattentate, Zugunglücke, Pädophilen-Netzwerke, Kriege und Hungersnöte, Angst vor Krebs – die Liste ist scheinbar endlos.

Die Statistik liefert uns noch mehr Beweise für eine kaputte Welt. Im südlich der Sahara liegenden Teil von Afrika sind 25,4 Millionen Menschen mit HIV infiziert; allein im Jahr 2004 sind schätzungsweise 2,3 Millionen Menschen an AIDS gestorben. In neun afrikanischen Ländern ist die durchschnittliche Lebenserwartung mittlerweile auf unter 40 Jahre gesunken.[14] Wenn wir nicht aufpassen, werden die Geschichten, die wir in den Nachrichten und Statistiken hören, zu einer bloßen Auflistung von Fakten und Zahlen. Diese Berichte handeln aber von echten Menschen – einzelnen Lebewesen, die darum kämpfen, sich ihren Lebenswillen zu erhalten, während sie ihre schweren Lasten den Leidens-

14 „Africa Fact Sheet“, UNAIDS, 3. April 2005. Online im Internet: http://www.unaids.org/en/media/fact+sheets.asp (05-05-04)

weg entlang schleppen. Und der Gott des Himmels, der Erbarmen hat mit all seiner Schöpfung, weint mit ihnen.

Heilsame und aufbauende Anbetung spielt niemals das Leid dieser Welt herunter. Es wäre zu einfach, immer nur Siegeslieder zu singen und die Nöte des Lebens fortwährend unter den Teppich zu kehren. Ein weit gesünderer Umgang mit dem Schmerz, den das Leben verursacht, ist es, diesen vor Gott einzugestehen und Gott dann mitten in unsere gelebte Wirklichkeit einzuladen, ohne den Schmerz zu verleugnen oder auf oberflächliche Weise zu verdrängen. Für manch einen erfordert Anbetung tapfere Beharrlichkeit, mit deren Hilfe man sich täglich neu entscheidet, den Wert und die Wege Gottes über den Schmerzenskampf zu stellen.

Die Anbetung, die Leid nicht außer Acht lässt, klammert jedoch auch die Freude nicht aus. Selbst im tiefsten Schmerz gibt es immer noch eine Unterströmung von Hoffnung. Wenn wir in Christus leben, ist es nicht möglich, völlig freudlos zu sein. Wir müssen ehrlich und authentisch sein mit unseren Kämpfen (wie wir gesehen haben, gibt uns die Bibel aktiv Beispiele für Klagen vor). Wir dürfen allerdings nicht in die Tiefen der Verzweiflung absinken und den Kampf aufgeben, denn dann würden wir alles, was wir über Gott wissen, außer Acht lassen und uns von seinem barmherzigen Wesen und seiner Güte lösen. Tun wir das, haben wir unser Erkennungszeichen als Christen verloren und unsere Lieder unterscheiden sich nicht mehr von den verzweifelten Klageliedern der Kultur, die uns umgibt – manche beginnen mit Schmerz, enden mit Schmerz und vermitteln keinerlei Hoffnung, dass sich dies jemals ändern könnte. Der Christ unterscheidet sich von der Welt insofern, als er den Schmerz nicht nur als harte Tatsache annehmen kann, sondern sogar lernt, mitten darin dankbar zu sein:

> Seid in allem dankbar; denn das ist der Wille Gottes in Christus Jesus für euch (1. Thessalonicher 5,18).

Obwohl wir natürlich den Schmerz niemals um des Schmerzes willen feiern würden, erkennen wir nach und nach auf der Leinwand der Schrift und dem Wandteppich unseres eigenen Lebens, dass Gott uns in Zeiten der Not immer näher ist und stärker an uns arbeitet, als wir denken. Auch wenn Anbetung zum Opfer für uns wird, rufen wir aus: „Gepriesen sei Dein Name!" – und meist dauert es gar nicht lange, bis wir die Frucht dessen, was Anbetung in den Zeiten des Kampfes in oder durch uns bewirkt hat, erkennen. Der Schreiber des Jakobusbriefes drückt das so aus:

> Achtet es für lauter Freude, wenn ihr in mancherlei Anfechtungen geratet, da ihr ja wisst, dass die Bewährung eures Glaubens standhaftes Ausharren bewirkt. Das standhafte Ausharren aber soll ein vollkommenes Werk haben, damit ihr vollkommen und vollstän-

> dig seid und es euch an nichts mangelt (Jakobus 1,2-4).

Auf der Reise durch das Neue Testament entdecken wir, dass die Verfasser der Briefe dieser Lehre immer und immer wieder Nachdruck verleihen.

Zuerst lesen wir in 1. Petrus 1,7, dass wir unsere zeitlich begrenzten Prüfungen nur ertragen müssen, damit „die Bewährung [unseres] Glaubens ... Lob, Ehre und Herrlichkeit zur Folge habe bei der Offenbarung Jesu Christi": Der Apostel Paulus ertrug Nöte nicht unwillig, sondern freute sich um Christi willen sogar in ihnen, er hatte nämlich eine tiefe Wahrheit erkannt:

> Denn wenn ich schwach bin, dann bin ich stark (2. Korinther 12,10).

Der Schreiber des Hebräerbriefes ermutigt uns, Nöte als Disziplinarmaßnahmen zu sehen – und führt an, dass diese Dinge dazugehören, wenn man ein Kind Gottes ist:

> Wenn ihr Schweres ertragen müsst, dann erkennt darin die Zurechtweisung Gottes; denkt daran, dass Gott euch als seine Kinder (griechisch: Söhne) behandelt; wer hat je von einem Sohn gehört, der nie bestraft wurde? Wenn Gott euch nicht zurechtweist,

> wie er es doch bei allen Menschen tut, dann heißt das, dass ihr nicht seine rechtmäßigen Kinder seid. Wenn ihr aber ohne Züchtigung seid, an der sie alle Anteil bekommen haben, so seid ihr ja unecht und keine Söhne! (Kap. 12,7-8, NLB).

Der Verfasser fährt fort:

> Denn unsere leiblichen Väter haben uns eine Zeit lang erzogen, so gut sie es konnten. Aber Gottes Erziehung ist immer richtig und gut für uns, weil sie bedeutet, dass wir Anteil an seiner Heiligkeit erhalten. Keine Strafe ist angenehm, und während wir sie erleiden, ist sie immer schmerzlich! Doch danach werden diejenigen, die auf diese Weise geformt werden, inneren Frieden und ein Leben in der Gerechtigkeit gewinnen (V. 10-11, NLB).

Diese beiden Verse sind entscheidend wichtig, wenn wir den ganzen Prozess von Gott her verstehen wollen. Der Verfasser stellt klar, dass es hier nicht um Masochismus geht. Anders gesagt, es macht uns keinen Spaß, Schmerzen zu haben. Keine Strafe ist angenehm, während wir sie erleiden. Unser Herz, unsere Gedanken oder unser Körper wehren sich möglicherweise gegen den Schmerz, den eine Prüfungssituation verursacht. Dennoch lernen wir tief in unserem Geist, diese Situation als Freude zu sehen, weil wir wissen, dass wir nicht nur Christus darin erkennen, sondern ihm als Folge davon auch ähnlicher werden. In Gottes Wirtschaftssystem gibt es keine verschwendeten Zeiten! In der „THE MESSAGE"-Bibel verleiht Eugene Peterson dem folgenden Abschnitt aus dem Hebräerbrief auf wunderschöne Weise Ausdruck und beleuchtet so noch stärker das Wesentliche darin:

> Mein liebes Kind, gehe nicht gleichgültig über die Disziplinarmaßnahmen Gottes hinweg, lass dich aber auch nicht durch sie verletzen. Gerade das Kind, das er liebt, erzieht er streng; das Kind, das er annimmt, weist er auch zurecht (Kap. 12,5-6).[15]

C. S. Lewis schrieb einmal:

> „Gott flüstert in unseren Freuden, er spricht in unserem Gewissen; in unseren Schmerzen aber ruft er laut. Sie sind sein Megaphon, eine taube Welt aufzuwecken".[16]

---

15 Direktübersetzung lt. engl. Original, eine deutsche Ausgabe der „THE MESSAGE"-Bibel liegt nicht vor.

16 C. S. Lewis, Über den Schmerz, 3., durchgeseh. Taschenbuch-Lizenzauflage Gießen 1995, S. 92)

Je mehr wir uns mit den Briefen des Neuen Testaments befassen, desto klarer wird uns, welch herausragende Stellung dieses Lehrthema einnimmt. In 2. Korinther 1,8-9 erkennt Paulus, dass er leiden musste, um stärker von Gott abhängig zu werden. Der Apostel Petrus erklärt seinen Lesern, dass Trauer und Anfechtungen nur kommen, weil so ihr Glaube bewährt wird und „Lob, Ehre und Herrlichkeit" (1. Petrus 1,7) daraus entstehen.

In Hebräer 2,10 (GNB) lesen wir, dass Jesus selbst „durch Leiden zur Vollendung gebracht" wurde. Die *New Living Translation* formuliert das folgendermaßen: „Durch das Leiden Jesu machte Gott ihn zu einem vollkommenen Leiter, der fähig war, sie zur Erlösung zu führen." [17] Die Anfechtungen des Lebens in diesem Licht zu betrachten eröffnet uns eine ganz neue Sicht der Dinge. Wenn wir Jesus nachfolgen und durch unseren Glauben zu stabilen und gereiften Persönlichkeiten werden wollen, können wir dann wirklich erwarten, dass wir um Zeiten des Leidens herumkommen, wenn selbst der Anfänger und Vollender unseres Glaubens diese annahm und ertrug? Dies ist in vielerlei Hinsicht eine harte Lehre, und wenn alles nicht so klar und unmissverständlich in der Bibel stehen würde, hätten wir wohl schwer daran zu schlucken. Wir haben ja oft das Gefühl, dass Gott uns alleine kämpfen lässt, tatsächlich ist aber das Gegenteil der Fall – er hat sich nicht von uns zurückgezogen, sondern

---

17 Direktübersetzung lt. Original, kein deutsches Äquivalent vorhanden.

tut stattdessen ein tiefes Werk in uns. C. S. Lewis hilft uns dabei, diese biblische Denkweise besser zu verstehen:

> „Wir sind ein Kunstwerk Gottes, nicht bloß willkürlich gesprochen, sondern wirklich und wahrhaftig; wir sind etwas, das Gott macht, und also etwas, womit Er nicht zufrieden sein wird, bis es eine bestimmte Prägung besitzt.
>
> Hier wiederum stoßen wir auf das, was ich die unerträgliche Ehrung genannt habe. Mit einer Skizze, zur Belustigung eines Kindes lässig hingezeichnet, mag ein Künstler sich nicht viel Mühe geben; selbst wenn sie nicht genau so geraten ist, wie er es beabsichtigte – er wird es damit bewenden lassen. Aber mit dem Großen Bild seines Lebens, mit dem Werk, das er liebt, so intensiv – wenngleich in anderer Weise –, wie ein Mann eine Frau liebt oder eine Mutter ihr Kind – mit dem Großen Bild seines Lebens wird er sich unendliche Mühe geben. Und er würde dadurch auch dem Bild unendliche Mühe verursachen, wenn es empfindungsfähig wäre.
>
> Man könnte sich ein empfindendes Bild vorstellen, das, nachdem es radiert und gestichelt und zum zehnten Mal neu angefan-

> gen worden ist, wünschte, eine bloße Skizze zu sein, die innerhalb einer Minute hingeworfen wäre. Auf die gleiche Weise könnten wir uns begreiflicherweise wünschen, Gott möchte uns ein weniger großartiges und weniger mühsames Schicksal bestimmt haben. Aber dann wünschen wir uns nicht *mehr* Liebe, sondern weniger Liebe." [18]

Was für eine bemerkenswerte Einsicht in diesen Prozess! Wir sind wieder bei Hebräer 12 – dass unser himmlischer Vater diejenigen zurechtweist, die er liebt. Seine Hand mag manchmal schwer auf uns liegen; und dennoch will er uns zurechtbringen und nicht verdammen. „So gibt es jetzt keine Verdammnis mehr für die, welche in Christus Jesus sind" (Röm. 8,1).

Obwohl die Zurechtweisung uns, während wir sie ertragen, nicht gerade angenehm erscheint, ist sie viel leichter auszuhalten (oder sogar als Freude zu betrachten!), wenn wir in dem größeren Bild die Pinselstriche Gottes zu erkennen vermögen. Im 17. Jahrhundert machte Madame Guyon folgende Bemerkung:

---

18 C. S. Lewis, Über den Schmerz, 3., durchgesehene Taschenbuch-Lizenzauflage Gießen 1995, S. 40–41

> Das Feuer des Leidens bringt das Gold der Gottesfurcht hervor.[19]

Ein warnendes Wort wollen wir noch anbringen: Wir vertreten hier nicht den Standpunkt, dass jede Art von Leid in Wirklichkeit nur ein verkappter Segen ist. Eine solche Haltung einzunehmen könnte sich als enorm taktlos erweisen, ganz besonders, wenn man die großen Tragödien der Welt wie Auschwitz oder den Tsunami in Südasien, der sich in jüngerer Zeit ereignet hat, betrachtet. Das gilt natürlich gleichermaßen im Hinblick auf viel persönlichere Dinge wie den Verlust einer geliebten Person. Wir können das Thema Leid nicht einfach in die Schublade „Auf Regen folgt Sonnenschein" stecken. Der Sachverhalt ist weitaus komplexer – und oft können wir keine befriedigende Antwort darauf geben, warum das Leid existiert. Wenn man immer und für alles eine Erklärung zu finden versucht, geht man zuweilen das Risiko ein, das Leid eines anderen Menschen zu verharmlosen – oder bringt sich in Gefahr, das Handeln des allmächtigen Gottes bewerten zu wollen. Frederick Schmidt, Jr., schreibt:

„Es wäre arrogant oder respektlos, zu behaupten, dass wir die Gedanken Gottes vollkommen verstünden."[20] Man-

---

19 Madame Jeanne Marie de la Mothe Guyon, zitiert in der *NIV Worship Bible,* (Grand Rapids, MI: Zondervan Publishing House, 2000), S. 59 – Übersetzung lt. englischem Original, dt. Äquivalent liegt nicht vor.

20 Frederick W. Schmidt, Jr., *When Suffering Persists* (Harrisburg, PA: Morehouse Publishing, 2001), S. 23 – übersetzt lt. engl. Original.

che Situationen liegen weit außerhalb unseres Urteilsvermögens. Und ob wir die Handarbeit Gottes in einer Situation direkt erkennen können oder nicht, wir können immer Trost aus der Tatsache schöpfen, dass Gott uns näher ist, als wir denken. Es entspricht nicht Gottes Wesen, uns hilflos zurückzulassen.

Und doch sehen wir oft, wie Gott selbst unter den schwierigsten Umständen wirkt. Die Geschichte Josephs im 1. Buch Mose liefert uns ein gutes Beispiel dafür. Gegen Ende des Berichts, nachdem Joseph von seinen Brüdern geschlagen, in die Sklaverei verkauft und danach am Hof Pharaos zu Ehren gekommen war, nur um ein weiteres Mal unschuldig ins Gefängnis geworfen zu werden, erklärt Joseph seinen reuigen Brüdern seine Sicht der Dinge:

> Ihr gedachtet mir zwar Böses zu tun; aber Gott gedachte es gut zu machen (Kap. 50,20).

Weiter erklärt Joseph, dass Gott die Situation dazu benutzte, um viele Leben zu retten. Es wäre gut für uns, wenn wir uns die Herzenshaltung von Joseph zu Eigen machten und immer bereit wären, die Hand Gottes selbst in problematischen Zeiten am Werk zu sehen. Schon Jahre zuvor hatte Joseph erkannt, dass Gott im Leid große Dinge bewirkte:

> Dem zweiten aber gab er [Joseph] den Namen Ephraim; denn er sprach: Gott hat mich

fruchtbar gemacht im Land meines Elends (Kap. 41,52).

Wenn wir durchhalten wollen, müssen wir dieses lebenswichtige Prinzip im Auge behalten. Oft ist es so, dass unser Leid den Boden für Zeiten größerer Fruchtbarkeit vorbereitet. Je früher wir erkennen, dass dieses Prinzip in verschiedenen Situationen am Werk ist, desto weniger schmerzlich mögen sie für uns sein. Wenn wir uns bewusst machen können, dass wir eine Ernte einbringen werden, erhöht das unsere Bereitschaft, mit Tränen zu säen.

Wir haben das erlebt – viele der schmerzlichsten Zeiten, die wir durchmachen mussten, bewirkten mehr Fruchtbarkeit in unserem eigenen Leben und im Reich Gottes. Was dazu gedacht war, uns zu schaden, benutzte Gott, um uns Gutes zu tun. Er gab uns Schönheit statt Asche und machte uns fruchtbar im Land unseres Elends. Jetzt können wir klar erkennen, wie Gott uns in der Kindheit, in der wir Misshandlungen und Ablehnung erfuhren, nah zu sich zog und diese Jahre zum Guten wendete, indem er uns durch sie auf ein Leben als Diener in seinem Königreich vorbereitete.

In der ganzen Bibel begegnet uns dieses Muster wieder und wieder. Genau wie Gott es bei Joseph tat, schickt er sein Volk oft in ein Trainingslager, um es für den Dienst in seinem Reich zuzubereiten. König David ist das beste Beispiel dafür. Gesalbt zum Sieg in seinem Kampf gegen Goliath, wurde David bald zum Nationalhelden, und sein Bekanntheitsgrad stieg schnell. Menschen fingen an, Lieder über ihn zu singen, und er genoss die Gunst am Hof des Königs, wo er schließlich auch wohnte. Menschlich gesehen dachte er wahrscheinlich: *„Jetzt bin ich an der Reihe.“* Er wusste ganz genau, dass er zum nächsten König gesalbt worden war – und sicher war das der nächste logische Schritt, oder etwa nicht? Aber bald wendete sich das Blatt und Gott gab ihm die Gelegenheit zu weiterem Charaktertraining – sieben Jahre, während derer er in Höhlen leben musste und der verbitterte König Saul ihm nach dem Leben trachtete. In dieser Zeit muss er sich gefragt haben, was da bloß geschah – es schien, als ob ihm die Berufung auf seinem Leben durch die Finger ränne. Aber Gott hatte andere Pläne: er benutzte die Zeit in der Wüste als Gelegenheit, die Charaktereigenschaften eines Königs in David heranzubilden. David würde in nicht allzu ferner Zukunft über ungeheuren Ruhm, Macht und Reichtum verfügen – und diese Zeit der Not sollte seinen Charakter für sein Amt als nächsten Herrscher über Gottes Volk schulen/formen. Das Leid machte ihn zu einem Mann, dem die Königsherrschaft anvertraut werden konnte.

In Johannes 15 zeichnet Jesus ein fantastisches Bild davon, wie Gott oft in unserem Leben arbeitet. Er beschreibt den Vater als Gärtner und redet zu seinen Jüngern:

> Jede [Rebe] aber, die Frucht bringt, reinigt er,
> damit sie mehr Frucht bringt (V. 2).

In der natürlichen Welt sorgt die Beschneidung eines Rosenstrauches zum Beispiel dafür, dass Überflüssiges entfernt und die Energie der Pflanze konzentriert wird, damit sie üppiger blüht. Auf dieselbe Weise greift Gott in unser Leben ein und beschneidet sogar das, was schon Frucht bringt, damit wir in unserem Leben mit ihm mehr Frucht bringen.

Matt

Vor sieben Jahren wurde das Thema „Gott beschneidet" sehr real für mich, denn ich bekam eine akute Sehnenscheidenentzündung im Arm. Genau in dieser Zeit war ich als „der" Anbetungsleiter mehr als beschäftigt. Ich leitete gleichzeitig die Anbetung in der Gemeinde, nahm ein Album auf und war ständig auf Reisen – Zeiten der Ruhe waren äußert selten. An einem Wochenende spitzte sich alles extrem zu. Nachdem ich vier Tage ohne Pause im Studio Gitarre gespielt hatte, flog ich nach Holland, um dort an einer Anbetungsveranstaltung teilzunehmen. Am Freitagabend spürte ich einen Stich im Arm, der sich bis Samstag zu einem quälenden, schier unerträglichen Schmerz steigerte. Am Sonntagmorgen konnte ich den gesamten Arm und die Hand kaum noch bewegen. Eine Woche lang versuchte ich, mehrmals medizinische Hilfe zu bekommen, aber es wurden nur Fehldiagnosen erstellt. Endlich hatte ich einen Spezialisten gefunden, der mir unumwunden mitteilte, dass meine Hand blockiert sei. Danach sagte er mir, dass ich, wenn ich nur einen oder zwei Tage später gekommen wäre, die Hand vermutlich nie wieder richtig hätte benutzen können. Das war ein schrecklicher und Angst machender Augenblick.

Ich konnte sieben Wochen lang nicht Gitarre spielen. Während dieser Zeit beteten viele Leute für mich und schickten mir ermutigende Worte. Die meisten Worte trafen genau ins Ziel, und die Erkenntnis, die sie vermittelten, hallte in mir nach. Ein oder zwei Schreiben konzentrierten sich stark auf die Aussage „das ist ein Werk des Teufels". Seltsamerweise sprach mich das gar nicht an – denn mittlerweile war ich zutiefst davon überzeugt, dass es sich bei dem, was ich gerade erlebte, Feind hin oder her, um ein tiefes Werk des Herrn in mir handelte, das alles übertraf, was in der letzten Zeit geschehen war.

Ich war als Anbetungsleiter viel zu beschäftigt gewesen – und die Geschäftigkeit hatte mich dazu veranlasst, einige der Grundlagen des christlichen Lebens zu vernachlässigen, zum Beispiel dem Herrn meine Aufmerksamkeit im Gebet und durch das Studium seines Wortes zu widmen. Diese schmerzhafte Zeit war wie ein geistlicher Boxenstopp – eine Gelegenheit, einige lebenswichtige Reparaturen unter der Motorhaube vornehmen zu lassen, bevor bleibender Schaden entstand. Gott erinnerte mich daran, dass das Werk des Herrn nie wichtiger sein sollte als der Herr der Werke – und dass ich in erster Linie Sohn war und erst lange danach Diener. Und so nahm mein himmlischer Vater nun Stolz und auch Selbstsicherheit von mir weg und hielt mir vor Augen, dass seine Kraft in den Schwachen mächtig ist.

Bis heute weiß ich noch nicht genau, was sich, theologisch gesehen, in dieser Zeit abgespielt hat. Hat der Herr das Leid verursacht? Hat er dem Feind erlaubt, das zu tun? Diese Fragen traten nach und nach in den Hintergrund, denn was auch immer letztlich der Fall war, ich ruhte sicher in dem Wissen, dass mein Vater die absolute Kontrolle über alles hatte. Er wies mich mit Freundlichkeit und Fürsorge zurecht – genau wie ein vollkommener Vater das tut.

Wenn wir auf unser Leben zurückschauen, können wir die Spuren der Freundlichkeit Gottes überall erkennen. In Zeiten der Freude und des Feierns fällt es uns allen leicht, die Hand Gottes zu sehen. Als reife Christen erkennen wir seine Gegenwart jedoch auch angesichts von Widrigkeiten – wir sehen, dass er in unserer Zerbrochenheit auf mächtige Weise wirkt.

Vor kurzem fuhren wir aufs Land hinaus und bemerkten plötzlich, dass wir fast kein Benzin mehr im Tank hatten. Von diesem Augenblick an änderte sich unser Fahrverhalten schlagartig. Wir gaben so wenig Gas wie möglich, fuhren mit der optimalen Geschwindigkeit, um so weit wie möglich zu kommen. Außerdem hielten wir hoffnungsvoll Ausschau nach der ersten Gelegenheit zum Auftanken. Wir hatten begriffen, wie leer unser Tank war, und ein ganz neues Bewusstsein dafür entwickelt, wie abhängig von Benzin wir doch waren. Außerdem betrachteten wir es jetzt als etwas Wertvolles und waren für jeden Tropfen dankbar.

Dieselbe Dynamik ereignet sich im Leben eines jedes Anbeters. Vielleicht leben wir gemütlich vor uns hin, halten die Dinge Gottes für selbstverständlich und erweisen ihm nicht die Aufmerksamkeit, die er verdient. In diesen Zeiten rüttelt uns Gott in seiner großen Gnade wach, damit wir unsere Abhängigkeit von ihm und unsere Unzulänglichkeit ohne ihn erkennen. Vielleicht nimmt er uns etwas weg, auf das wir uns außerhalb von ihm verlassen haben, oder er findet einen anderen Weg, uns daran zu erinnern, wie arm wir ohne ihn sind. Es dauert nicht lange und wir entwickeln ein neues Bewusstsein unserer Abhängigkeit von ihm und eine größere Dankbarkeit für jeden Tropfen Gnade in unserem Leben.

Manchmal dauert es Monate oder sogar Jahre, bis die ganze Fülle der Fruchtbarkeit für uns sichtbar wird. Solche Zeiten erfordern Durchhaltevermögen und Geduld und fordern uns heraus, unsere „Instant"-Mentalität abzulegen, die in der heutigen Kultur einen so hohen Stellenwert eingenommen hat.

Im Reich Gottes gibt es keine geistlichen Fertigmenüs. Stattdessen bleibt uns nichts anderes übrig, als diese Zeiten des Schweigens anzunehmen und uns wieder einmal darauf zu stützen, was Gott in unserem Leben schon getan hat, bis der Morgen der Freude wiederkommt. Oswald Chambers fordert uns heraus und ermutigt uns zugleich:

> „Hat Gott dich schon einmal mit seinem Stillschweigen betraut – mit einem Stillschweigen, das voll tiefer Bedeutung ist? Lobe Gott, wenn er dich mit seinem Stillschweigen betraut, denn dann will er dich in das große Räderwerk seiner Pläne mit einbeziehen.“ [21]

Vielleicht müssen wir eine Zeit lang warten – und dann, auf einmal, tritt klar zutage, dass Gott uns im Land unseres Elends fruchtbar gemacht hat.

Wie gesagt, werden dennoch auf uns alle Zeiten zukommen, in denen wir uns nicht einmal ansatzweise vorstellen können, wo Gott in unserem Leid ist, ganz gleich, wie genau wir die Situation zu analysieren versuchen, wie sehr wir auch in Gottes Wort nach Weisheit forschen oder Rat bei einem Pastor einholen. Das ist immer eine bittere und deswegen umso schwieriger zu schluckende Pille. Es gibt Situationen auf der Erde, die wir nie ganz verstehen werden, solange wir leben – der einzige Trost, der uns dann bleibt, ist der, dass wir in unserem Leid nicht allein sind. Gott selbst

---

21 Oswald Chambers, *Mein Äußerstes für Sein Höchstes,* © Blaukreuz-Verlag Wuppertal, 26. Auflage 1996, tägliche Betrachtung für den 11. Oktober, S. 285

nimmt daran Anteil – er weint mit den Weinenden und ist nahe denen, die zerbrochenen Herzens sind. Die wunderbare Wahrheit ist die, so zerbrochen wir uns auch fühlen, wir wurden nicht im Stich gelassen und müssen uns den Weg aus der Dunkelheit heraus nicht alleine suchen. Und wenn wir auch durch das Tal des Todesschattens wandern, lernen wir doch zu erkennen, wie nahe Jesus uns ist – denn Schatten entstehen nur durch die Anwesenheit von Licht.

Im Hier und Jetzt auf der Erde erleuchtet das Kreuz Christi unseren Leidensweg. Im Licht von Golgatha, wo der Sohn Gottes willig sein Leben für diese Welt hingab, finden wir sowohl Kraft als auch Hoffnung für unsere Zeiten der Not. Das Kreuz erinnert uns daran, dass wir einen Gott anbeten, der sich mit unserem Leid identifiziert, der sowohl Erbarmen als auch Einfühlungsvermögen hat, denn auch er selbst wurde von Angst und Schmerz übermannt. Dennoch bewirkt das Kreuz noch ein weiteres Wunder – die Gnade dieses Ortes beginnt das Elend unserer Situation aufzuwiegen. Tief in unserem Herzen stellen wir vielleicht immer noch die Frage: „Jesus, warum muss ich so leiden?“, aber diese Frage, so berechtigt sie auch zu sein scheint, wird von einer anderen Frage überdeckt. Am Fuß des Kreuzes stehend, fragen wir: „Jesus, wie kann es sein, dass Du bereit warst, diesen Leidensweg für uns zu gehen?“

Die Antwort darauf erinnert uns daran, dass wir nicht allein sind mit unserem Elend; mehr als alles andere macht sie uns wieder einmal das Ausmaß seiner Gnade klar. Dies ist keine Weltflucht, sondern Realität. Die Gnade Gottes wiegt weitaus mehr als jegliche Unordnung in unserem Leben.

Schau dich um und du siehst:

Jeden Tag

vollbringt Gott überall

unzählige Wunder.

Kapitel 4

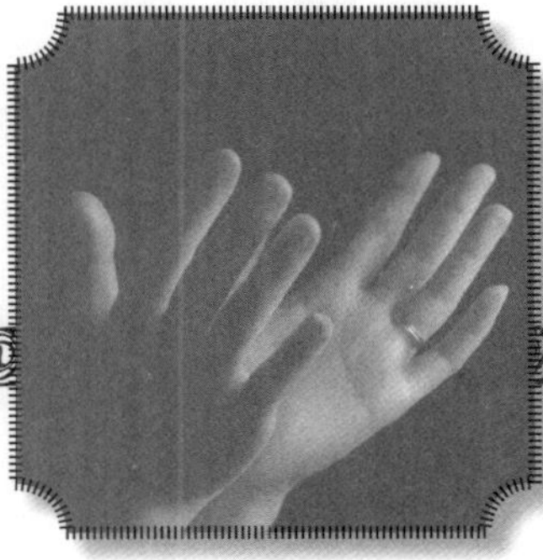

Turn it Back to Praise

Ich verwandle es in Lob

Bis hierher haben wir uns in diesem Buch angeschaut, wie man Gott auf dem Leidensweg anbetet. In diesem Kapitel befassen wir uns mit der anderen Seite – wir sollten uns immer wieder vergewissern, Gott auch gerade dann zu loben, wenn wir Zeiten der Fülle erleben. Tatsache ist, dass wir Gott schnell in Frage stellen, wenn etwas schief läuft, dass wir aber zögern, Gott die Ehre dafür zu geben, wenn die Dinge gut laufen. Wir sind herausgefordert, jeden Segen, den Gott auf unser Leben legt, in Lobpreis umzuwandeln und Gott zurückzugeben. Jemand hat einmal gesagt: „Danke zu sagen ist mehr als Höflichkeit – es ist Ausdruck gesunden Glaubens.“[22] Dankbarkeit ist ein wichtiger Bestandteil unserer geistlichen „Ernährung“. Tatsächlich war Dankbarkeit schon immer ein großartiger Weg für das Volk Gottes als erster Schritt in Richtung Anbetung. Auch in Psalm 100 werden wir dazu aufgefordert:

> Geht ein zu seinen Toren mit Danken, zu seinen Vorhöfen mit Loben; dankt ihm, preist seinen Namen! (V. 4)

Dankbarkeit ist eine Herzenshaltung, die wir uns aneignen müssen – denn wir vernachlässigen das „normalerweise“ unglaublich schnell. Wenn wir in der Heiligen Schrift lesen, sehen wir immer wieder, dass das Volk Gottes auf diesem Gebiet Unterweisung benötigte. Der Bericht über den Auszug aus Ägypten und die darauf folgende Unzufriedenheit des Volkes Gottes während der Wanderschaft durch die Wüste zeigen uns, wie leicht Murren und Stöhnen sich einschleichen – und uns vom Weg der Dankbarkeit und Zufriedenheit abbringen.

An vielen Stellen, etwa in den Psalmen oder in den Brie-

---

22 Alfred Painter, zitiert aus „Alfred Painter“, *Wisdom Quotes,* 2004. Online im Internet: http://www.wisdomquotes.com/002828.html (05-05-11)

fen des Neuen Testaments, werden wir daran erinnert, dass wir dankbar sein sollen – was wiederum das Augenmerk darauf lenkt, dass dies eben nicht immer die erste Regung unseres Herzens ist. Die Geschichte von den zehn Aussätzigen beleuchtet diesen Punkt noch stärker. Jesus heilte alle zehn, aber nur einer kehrte zurück, um ihm zu danken und Gott zu loben (siehe Luk. 17,11-19). Wo waren die anderen neun? Aus irgendeinem Grund zogen sie einfach ihres Weges. Vielleicht hatten sie zu irgendeinem Zeitpunkt erwogen, umzukehren und sich zu bedanken, dann aber den Gedanken vor lauter Freude vergessen und nie in die Tat umgesetzt. Vielleicht waren sie so sehr mit sich selbst beschäftigt, dass sie darüber den Einen vergaßen, der die Quelle ihrer Freude und ihrer Heilung war. Dennoch fällt es nicht schwer, dieses Bild auf uns selbst zu übertragen – so oft bekommen wir ein Geschenk, aber irgendwie, mitten im Segen, vergessen wir darüber den Geber. Unsere konsumorientierte Gesellschaft hat eine Generation von Nehmern hervorgebracht. Wir täten gut daran, uns von dem einen Aussätzigen, der umkehrte, zur Anbetung anleiten zu lassen – er lobte Gott lauthals und warf sich Jesus in überströmender Dankbarkeit zu Füßen.

Die Disziplin der Dankbarkeit beinhaltet einen ständigen Strom von Entscheidungen, die vielen Freundlichkeiten, die uns erwiesen wurden, anzuerkennen und darauf zu reagieren. Je mehr wir diese Herzenshaltung kultivieren, desto selbstverständlicher wird sie Teil unseres Lebens. Man kann das mit einem kleinen Schneeball auf einem Berg vergleichen. Wenn man sich dazu entscheidet, ihn in Bewegung zu setzen und ihn den Abhang hinunterrollt, wird er schnell größer und größer. Ab einem bestimmten Punkt rollt er von allein und entwickelt eine Schwungkraft aus sich selbst heraus. Genauso funktioniert es, wenn wir damit anfangen, Gott selbst für die kleinsten Details in unserem Leben zu danken. Auf einmal haben wir eine Riesenliste von Dingen, für die wir dankbar sein können. Wir brauchen nur auf unseren Körper zu schauen, um den Ball ins Rollen zu bringen. Die Biologie unseres Körpers gehört vermutlich zu den Dingen, die im Dankgebet an Gott am häufigsten übersehen werden. Magst du deinen Körper? Das solltest du. Wir bestehen aus einer unglaublichen Mischung von Zellen – mit Organen von so unvorstellbarer Komplexität, dass die beste von Menschen erdachte Technologie der Moderne weit davon entfernt ist, sich auch nur mit ihnen messen zu können. Jeden Tag nutzen wir so viele unserer komplizierten inneren Organe, verschwenden aber kaum einen Gedanken daran. Wenn wir uns aber einen Moment Zeit nehmen, um sie zu bestaunen, bieten sie uns eine fantastische Gelegenheit, Gott aus tiefstem Herzen dafür zu danken.

Nehmen wir zum Beispiel das Gehirn. Wann hast du Gott das letzte Mal für dein Gehirn gedankt? Dafür, dass du dich an Namen, Gesichter und Dinge, die sich in deinem Leben ereignet haben, erinnern kannst? Dass du in seinem Wort lesen und Schriftverse in deinem Gedächtnis behalten kannst? Dass du viele Wunder, die er geschaffen hat, berechnen, begreifen und in deinem Gehirn speichern kannst? Das Gehirn, das über Nervenfasern von 500 000 Kilometern Länge verfügt und Botschaften mit der Geschwindigkeit eines Orkans an ihnen entlang sendet, ist etwas, für das wir zutiefst dankbar sein können.[23] Dennoch ist es nur ein Teil unserer fantastisch konstruierten Anatomie.

Wann hast du das letzte Mal Gott für dein Herz gedankt? Das menschliche Herz schlägt 100 000-mal pro Tag, und über einen Zeitraum von 70 Jahren hinweg pumpt es so viel Blut, dass man damit einen Wolkenkratzer füllen könnte. Jede Minute werden etwa fünf Liter Blut durch den Körper gepumpt. Bei körperlicher Anstrengung kann dieses Volumen auf 25 Liter in der Minute ansteigen, so dass die gesamte Blutmenge fünfmal pro Minute durch den Körper gepumpt wird.[24] Von *Herzen* dankbar zu sein hat von jetzt an wohl nicht mehr ganz dieselbe Bedeutung wie vorher.

Betrachten wir jetzt einmal die Sinne – hast du dir jemals Gedanken darüber gemacht, dass du den Duft deiner Lieblingsblume riechen, dein Lieblingsessen schmecken und alle möglichen Arten von interessanter und bewegender Musik hören kannst? Bist du jemals auf die Idee gekommen, für etwas scheinbar so Gewöhnliches wie deine Haut zu danken? Wenn nicht, ist jetzt eine gute Gelegenheit, dies nachzuholen. Ein Quadratzentimeter deiner Haut ent-

23 Werner Gitt, *Faszination Mensch, Christliche Literatur-Verbreitung Bielefeld (1996)* aus Seite 82

24 ebd. aus Seite 49

hält etwa 6 Millionen Zellen, 100 Schweißdrüsen und 5000 Sinneskörperchen – sowie 200 Schmerzpunkte, 25 Druckpunkte, 12 Kältepunkte und 2 Wärmepunkte.[25] Diesen erstaunlichen Teil unserer von Gott geschaffenen Anatomie nehmen wir als gegeben hin – befassen wir uns aber einmal näher damit, werden wir durch das Tor der Dankbarkeit in den Vorhof des Lobpreises geführt. Wie der Psalmist rufen auch wir aus:

> Ich danke dir dafür, dass ich erstaunlich und wunderbar gemacht bin; wunderbar sind deine Werke, und meine Seele erkennt das wohl!
> (Psalm 139,14).

Als Nächstes betrachten wir einmal deine Familie und deine Freunde. Denke an dein soziales Umfeld – wie kunstvoll Gott es zusammengestellt und dir Menschen geschenkt hat, die dein Leben mit dir teilen und für die du immer dankbar sein wirst. Für diejenigen, die Augen haben zu sehen, ist seine Versorgung überall erkennbar. Ein persönliches Beispiel: Wir sind seit sieben Jahren miteinander verheiratet – und wenn wir zurückschauen, sind wir so dankbar für die Fürsorge Gottes in unserer Beziehung. Das erste Mal begegneten wir uns auf dem Parkplatz einer Kirche in England.

25 ebd. Seite 41

Was für eine romantische und doch heilige Kulisse! Wir loben Gott für diesen kurzen Augenblick – dass er auf seine wunderbare Weise unsere Pfade für eine kurze Zeit kreuzte und dabei über den langfristigen Plan, den er für die Verbindung unser beider Leben hatte, lächelte. Über die Jahre hinweg entwickelte sich eine tiefe Freundschaft zwischen uns, obwohl wir drei Stunden voneinander weg wohnten. Etwas später wurden wir beide Mitarbeiter einer Gemeinde und dienten zusammen. Unsere endgültige Verbindung verdanken wir einer Maus, die im Kirchengebäude umherrannte. (Das ist eine lange Geschichte, aber du wärst überrascht, was zwei Stunden gemeinsamer Mäusejagd für eine Beziehung tun können.) Der Punkt ist: wir müssen lernen, die Geschichten der Fürsorge Gottes in unserem Leben immer wieder zu erzählen – und ihm sowohl für die kleinsten Details als auch die großartigsten Pläne zu danken. Jeden Tag tut Gott unzählige Wunder.

Wenn wir anfangen, kleine, aber regelmäßige Schritte in Richtung Dankbarkeit zu gehen, dauert es nicht lange und wir machen auf einmal Riesenschritte in Richtung Lobpreis. Viel zu oft vernachlässigen wir die kleinen Dinge – zum Beispiel das Dankgebet vor einer Mahlzeit. Auf der einen Seite ist das nur eine Kleinigkeit. Wenn wir uns aber in dieser Disziplin üben, nehmen wir uns zwei- oder dreimal täglich Zeit, um Gott für seine Versorgung zu danken. Wenn das Essen auf den Tisch kommt, gibt es viele Gründe, um dankbar dafür zu sein. Um diesen Gedanken zu veranschaulichen, betrachten wir einmal das Gemüse, das wir essen. Auf der Reise vom Acker zu unserem Teller: es wurde angebaut, geerntet, gesäubert, befördert, verkauft und gekocht. Wir danken Gott dafür, dass er es uns gibt, wir müssen ihm aber auch für die vielen Hände danken, die hart dafür gearbeitet haben, dass wir es essen können.

Und schon sind wir bei den großen Schritten der Dankbarkeit angelangt – und danken Gott für einige der gewichtigsten Aspekte des christlichen Lebens. Der Schreiber von Psalm 103 ermahnt uns:

> Vergiss nicht, was er dir Gutes getan hat!
> Der dir alle deine Sünden vergibt und heilt alle deine Gebrechen;
> der dein Leben vom Verderben erlöst, der dich krönt mit Gnade und Barmherzigkeit;
> der dein Alter mit Gutem sättigt, dass du wieder jung wirst wie ein Adler (V. 2-5).

Erlösung, Heilung, Vergebung, Barmherzigkeit und Erneuerung – diesen Themen sollten wir uns an jedem Tag unseres Lebens mit Gott widmen, und jedes Einzelne finden wir am Kreuz von Golgatha. Fanny Crosby, eine Verfasserin von Kirchenliedern, schrieb: „Jesus, keep me near the cross" – „Jesu, zieh zum Kreuze mich"[26], ein großes Herzensanliegen

26 Fanny Crosby, „Near the Cross", Jesu, zieh zum Kreuze mich, zitiert aus Pfingstjubel, VI. Zweiter Anhang, Lied Nr. 690

jedes Anbeters. Denn wenn wir nicht mehr zum Kreuz gehen, verlieren wir die Tiefe des Abgrunds, aus dem wir erlöst wurden, aus den Augen – genau wie die Größe der Gnade, die uns errettet hat.

Ein dankbares Herz ist nicht einfach zu erlangen – wir sind so schnell bereit, die unzähligen kleinen Segnungen, für die wir dankbar sein sollten, von dem, was in unserem Leben nicht so gut läuft, überschatten zu lassen. Oder wir beten stundenlang für etwas, das wir haben wollen – hat Gott uns dann erhört, ist unser Dankgebet dafür in zwei Minuten erledigt.

Eine weitere Falle im Gebet ist, Gott zu erzählen, was wir alles für ihn tun, und darüber zu vergessen, ihm für die Dinge, die er für uns getan hat und die von weit größerer Tragweite sind, zu danken. Auf all diesen Gebieten müssen wir den Heiligen Geist bitten, uns dabei zu helfen, einen Lebensstil und eine Haltung der Dankbarkeit zu entwickeln.

Eine weitere Möglichkeit, diesen Weg zu beschreiten, ist, Gott dafür zu danken, dass er derselbe ist, gestern, heute und in Ewigkeit – der Eine, der war und der ist und der kommt. In anderen Worten: beginne damit, dir ein Wunder ins Gedächtnis zurückzurufen, das Gott irgendwann in deinem Leben getan hat, und erlebe es noch einmal neu in deinem Herzen und in deinem Geist. Geh nochmals zum Kreuz und führe dir vor Augen, was er an diesem bedeutsamen Ort alles für dich erworben und getan hat. Geh weiter zu seinem leeren Grab und denke über die Freude nach, dass du

Anteil an seiner Auferstehung hast. Das ist die erste Phase – du dankst ihm als dem *Gott des Gestern.*

Als nächsten Schritt dankst du ihm für eine Freundlichkeit, die er dir heute erwiesen hat – vielleicht für eine Gebetserhörung oder eine kostbare Freundschaft, die dir viel wert ist. So lobst du ihn als den *Gott des Heute.*

Und zuletzt schaust du auf den Horizont und dankst ihm im Voraus für ein Wunder, das noch auf dem Weg ist, und für das Leben, das noch kommt. So lobst du ihn als den *Gott der Ewigkeit.* Dieses Muster befreit uns von einer Mentalität des Murrens, und wir lernen, uns in Dankbarkeit zu üben.

Wir stimmen mit ein in das alte Kirchenlied „Bleibend ist deine Treu", erinnern uns an Gottes beständige Liebe und Fürsorge in vergangenen Tagen und beten ihn an als den Geber der Kraft für den heutigen Tag und den Geber der fröhlichen Hoffnung für morgen.[27]

Reife Anbeter Jesu lernen, ganz gleich, in welchem Zustand die Seele sich befindet, Gott in jedem Hoch oder Tief ein Opfer zu bringen, wohl wissend, dass der Wert Jesu sowohl alle Schmerzen als auch alle Freuden dieses Lebens aufwiegt. Steht Christus im Mittepunkt der Anbetung, dann ist hier Raum für beides, für die höchsten Freuden wie auch die tiefsten Tiefen der Verzweiflung. Jeden Segen, mit dem Gott uns beschenkt, verwandeln wir in Lobpreis und geben

---

27 „Bleibend ist deine Treu" (© deutscher Text CopyCare Deutschland, Hänssler-Verlag, D-71087 Holzgerlingen; Feiert Jesus 2, Lied 138 und/ oder Ich will dir danken Lied 75

ihn ihm zurück. Und wenn es dunkel um uns wird, singen wir immer noch „Gepriesen sei Dein Name“.

Ich wünsche mir,

dass Gott uns so verändert,

dass wir immer noch unbeirrt

das Lied des Vertrauens singen

und dies auch an unserem Leben sichtbar ist,

selbst wenn uns alles Vertraute

und Angenehme genommen wurde.

Kapitel 5

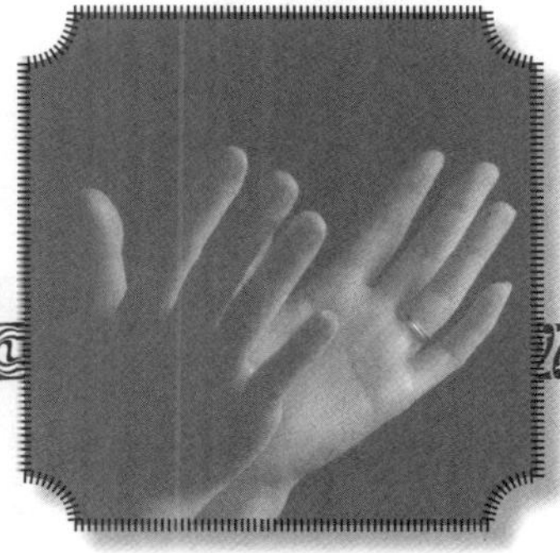

You Give and Take Away

Du gibst und Du nimmst

Der letzte Abschnitt des Liedes „Blessed Be Your Name" – „Gepriesen sei Dein Name" stammt direkt aus der Geschichte Hiobs, die wohl die heftigste in der ganzen Schrift ist. Hiob wird alles weggenommen, was ihm etwas bedeutet, und er muss viel Elend durchleiden. Am Anfang seines Martyriums findet er den Weg zum Ort des Anbetung, er wirft sich zu Boden und ruft in Anbetung:

> Der HERR hat gegeben, der HERR hat genommen; der Name des HERRN sei gelobt! (Hiob 1,21).

Der Widerhall, den dieser Ausruf hinterlässt, stellt eine Herausforderung für jeden Anbeter dar. Er ruft uns dazu auf, unser Vertrauen ganz fest auf die Souveränität Gottes zu setzen und unser Leben nicht von vergänglichen, irdischen Dingen, sondern von dem ewigen König des Himmels formen zu lassen und abhängig zu machen. Wenn Hingabe auch über lange Zeit und jeden seelischen Zustand hinweg erhalten bleiben soll, kann sie nicht auf unsere sich immer wieder ändernden Lebensumstände gegründet werden – sie muss ihre Wurzeln in Gottes Wort haben, das sich niemals verändert.

Im Jahr 1744 leitete Charles Wesley, der Verfasser vieler Kirchenlieder, eine Anbetungsversammlung in der Stadt Leeds in England, die in einem Raum im Obergeschoss stattfand. Der Versammlungsraum war bis auf den letzten Platz belegt – auf einmal gab der Boden nach und alle 100 Menschen fielen in den Raum darunter! Wesleys Reaktion auf diesen Vorfall war mehr als beeindruckend. Nachdem er sich zuerst versichert hatte, dass niemand ernsthaft verletzt worden war, stimmte er das Loblied „Gelobt sei Gott, von dem alle Segnungen kommen“ an. Nicht nur das – danach komponierte er mehrere Kirchenlieder, die auf diesen Vorfall Bezug nahmen – er benutzte den eingestürzten Boden als Bild für die unsicheren Dinge dieser Welt und stellte dem das unerschütterliche Wesen Gottes, seines Königreiches und seines Wortes gegenüber.

Uns stellt sich die folgende Frage: Was tun *wir,* wenn unsere Welt zusammenbricht? Welche Form nimmt unsere Anbetung an, wenn Dinge, auf die wir uns verlassen, unter uns wegbrechen? Singen wir unerschütterlich weiterhin Loblieder wie Wesley? Ich wünsche mir, dass Gott uns so verändert, dass wir immer noch unbeirrt das Lied des Vertrauens singen und dies auch an unserem Leben sichtbar ist, selbst wenn uns alles Vertraute und Angenehme genommen wurde.

Manchmal gibt es tatsächlich Zeiten, in denen Vertrauen so ziemlich das Einzige ist, was wir Gott als Opfer bringen können, Zeiten des Schmerzes und des Kampfes, wenn wir am Ende sind und das Gefühl haben, dass nichts mehr übrig ist, was wir geben könnten. Wenn wir dann zu Gott sagen: „Ich vertraue dir“, ist dieses Opfer an sich angenehm vor ihm. Wir vertrauen Gott, dass er mit tiefer väterlicher Zärtlichkeit um uns besorgt ist. Wir vertrauen ihm, dass sein Arm nicht zu kurz ist, um zu retten. Wir vertrauen darauf, dass er all diejenigen hört, die seinen Namen anrufen. Wir vertrauen darauf, dass seine Wege so viel höher sind als unsere und er Dinge sehen kann, die wir nicht sehen können. Wir vertrauen darauf, dass er schnell ist zum Erbarmen, langsam zum Zorn und überfließend in Liebe. Mit all diesen Opfergaben sagen wir Gott, dass wir trotz unserer Umstände immer noch glauben, dass er so ist, wie er von sich sagt. Gott liebt diese Art von Herzensantworten.

Wie wir schon eingangs erwähnten, haben wir seit der Entstehung des Liedes „Blessed Be Your Name“ das Vorrecht, viele Zeugnisse von Anbetern zu hören, die einen Weg gefunden haben, selbst inmitten der härtesten Lebensumstände durchzuhalten. Viele dieser Zeugnisse sind herausragend, ergreifend und von einer erstaunlichen Tiefe.[28]

Dunblane, Perthshire
19. Juni 2003

Lieber Matt, liebe Beth,
unsere kostbare jüngste Tochter Rachel starb am 25. Februar dieses Jahres. Sie war 4 Jahre alt. Wir haben noch vier weitere Kinder: zwei Mädchen – Brodie, 18, und Maggie, 17; und zwei Jungen – Harry, 10, und William, 8. Rachel war ein wunderbares Geschenk, die wir alle mehr liebten, als ich mit Worten beschreiben kann.

Sie war ein ganz gesundes Kind, bis sie im Dezember 2002 an Windpocken erkrankte. Als sie zusätzlich eine Lungenentzündung bekam (eine sehr seltene Komplikation), wurde sie eilends in die Intensivstation des Kinderkrankenhauses von

28 Diese Briefe wurden mit Erlaubnis der Verfasserinnen Ruth McColl und Kathy Sayre abgedruckt.

Edinburgh eingeliefert. Dort war sie fast drei Wochen lang auf lebenserhaltende Maßnahmen angewiesen. Sie war sehr krank, erholte sich aber auf wunderbarere Weise – und war ein Sonnenschein für die Ärzte und Schwestern.

Obwohl Rachel noch sehr schwach war, durften wir sie an Heiligabend zu uns nach Hause holen. Dieses Weihnachtsfest wird immer etwas ganz Besonderes für uns bleiben. Nach und nach gewann sie ihre Kraft zurück und begann auch wieder zu laufen. Ein paar Wochen später ging sie wieder in den Kindergarten. Sie war voller Freude über ihre Genesung, und sie war sich auch bewusst, wie sehr sie geliebt wurde und dass sie etwas ganz Besonderes war.

In der Nacht des 24. Februar wurde sie ganz plötzlich krank und ich raste mit ihr zum Stirling-Royal-Krankenhaus. Sie hatte eine Blutvergiftung bekommen, die zum Herzversagen führte – sie starb vier Stunden nachdem ich sie ins Krankenhaus gebracht hatte. Obwohl ich die Ereignisse dieses Tages immer wieder auf schmerzliche Weise durchlebt habe, fällt es mir auch heute noch immer schwer, das zu glauben.

Wir sind alle gläubig, und als wir über Rachels Begräbnis nachdachten, wussten wir sofort, dass wir das Lied „Blessed Be Your Name" im Trauergottesdienst singen wollten. Wir hatten es zuvor schon in der Gemeinde gesungen, und es war uns wichtig geworden, als Rachel und ich im Krankenhaus waren. Nach ihrem Tod jedoch gewann es für uns immens an

Bedeutung. Die Worte gaben uns Kraft und drückten aus, was wir sagen wollten.

Zur Trauerfeier in der Kathedrale von Dunblane kamen etwa 400 Menschen. Unser Pastor hielt den Gottesdienst, und Gott gab uns die Kraft, um die wir ihn gebeten hatten. Die Band spielte „Blessed Be Your Name". Es war wunderschön, ausdrucksstark und bewegend – und unsere Familie sang es aus tiefstem Herzen.

Rachel wird immer ein Teil von uns sein. Die Zeit vergeht und es bedeutet uns so viel, wenn andere sich an sie erinnern. Wir vermissen sie so sehr! Die vielen Tränen, die ich während des Briefeschreibens vergossen habe, waren auf merkwürdige Weise tröstlich, obwohl es so wehtat. Seit Rachels Beerdigung ist es mir oft sehr schwer gefallen, Gott zu preisen, aber ER lässt mich nicht los; das einzige Licht und die einzige Hoffnung in der Dunkelheit kommen von Christus, der meinen Liebling Rachel in seinen liebevollen Armen hält.

In Liebe,
Ruth McColl

Columbus, Ohio, U.S.A.
4. April 2005

Lieber Matt, liebe Beth,
wir haben unsere achtzehn Jahre alte Tochter Natalie vor zwei Jahren durch einen Autounfall verloren. Es war ihr letzter Tag an der High School. Zehn kurze Tage vor ihrer Abschlussfeier. Sie war das Licht unseres Lebens. Meine Liebe zu Jesus half mir über einige meiner dunkelsten Stunden hinweg. Als ich gläubige Christin wurde, war das Einzige, um was ich Gott bat, dass er bitte niemals meine Liebe zu ihm über Natalie prüfen sollte. Acht Jahre lang betete ich dieses Gebet täglich. Im Krankenhaus sagte ich allen Pastoren immer wieder: „Aber das war das Einzige, um was ich Gott jemals von ganzem Herzen gebeten habe."

Es dauerte ein paar Monate, bis ich wieder in der Lage war, den Gottesdienst zu besuchen. Ich war nicht zornig auf Gott – ich war verletzt, verwirrt und hatte sogar Angst vor ihm. Es war und ist so bitter – und doch erfahre ich Segen.. An dem Tag, als es geschah, beteten wir unablässig um ein Wunder. Wir sahen, wie all ihre jungen Freunde im Wartezimmer saßen und in Gruppen für dieses Wunder beteten, aber es hatte nicht sein sollen. Im Gottesdienst zu sitzen und Gott aufgrund seiner großen Wunder und seiner Liebe zu loben, ohne dass meine Natalie neben mir saß, war furchtbar schwer.

Dann hörten wir euer Lied, und es passte so gut zu unserer Situation, dass wir es inzwischen „Natalies Lied“ nennen. Jeff und ich sind jedes Mal in Tränen aufgelöst, wenn wir zu der Stelle kommen, an der es darum geht, dass „er gibt und er nimmt“. Es ist so wahr. Als Christin verstehe ich, dass wir alle Gottes Kinder sind, große und kleine, junge und alte; aber als Mutter war sie mein kleines Mädchen. Es ist so schwer, sie loszulassen.

Am Ende wurde sie zur Heldin. Sie war Organspenderin und rettete vier Menschenleben. Sie war immer unser „ganz besonderer kleiner Liebling“, aber jetzt ist sie für viele so viel mehr geworden.

Ich wünsche euch und eurer Familie Segen.

In Gottes Liebe
Kathy Sayre

Diese Briefe wurden von Anbetern geschrieben, die den Schmerz ihres Verlustes nicht verleugneten, sich aber mitten darin entschieden, Gott zu vertrauen. Der Himmel weiß, dass sie eine gute Entscheidung getroffen haben.

Unser Pastor meinte neulich, dass Trauergottesdienste, bei denen Jesus im Zentrum steht, die besten Anschauungsbeispiele für das Christenleben an sich sind. Für diejenigen, die ihr Leben Jesus anvertraut haben, gibt es einen wunderbaren Unterschied, wenn sie den Verlust eines geliebten Menschen verarbeiten müssen. Ohne Jesus sind manche Gedenkgottesdienste oder Trauerfeiern wie ein Herumtappen im Dunkeln – eine erdrückende Wolke der Trauer, ohne Klarheit darüber, was dahinter zu erwarten ist. In der Feier mag wohl Lob für das irdische Leben des betreffenden Menschen zum Ausdruck gebracht werden, aber ohne eine auf Christus zentrierte Hoffnung, wird diese immer vom Mangel an Vertrauen auf ein ewiges Leben überschattet. Im Gegensatz zu den Worten der Trauer und des Verlustes, die die Welt zur Verfügung stellt, ist der Trauergottesdienst eines Anbeters Jesu durchdrungen von tiefer Dankbarkeit und Hoffnung. Da ist zwar immer noch der Schmerz des Verlustes, doch unser Wissen über die Wahrheit Gottes und seine Verheißungen für diejenigen, die ihn lieben, wiegen mehr. Nur wer in einem solchen Glauben verwurzelt ist, kann es wagen, zu sagen: „Der Herr gibt und der Herr nimmt. Gepriesen sei der Name des Herrn." Ohne ein tiefes Verständnis vom Vaterherzen Gottes und einem Glauben an seine übergeordnete Macht und Weisheit wäre dieses Gebet viel zu gefährlich.

Ein Mann, der sich diese Herzenshaltung zu Eigen machte, war der englische Dichter und Verfasser von Kirchenliedern, William Cowper. Eines seiner bekanntesten Kirchenlieder ist eine erstaunlich poetische und biblische Aussage eines Mannes, der sich der Allmacht Gottes ausgeliefert hat:

Gott geht geheimnisvolle Wege,
um Seine Wunder zu offenbaren,
die Meere umspülen Seine Füße
und Er fährt im Sturm einher.

In unergründlichen Tiefen
kreiert Er seine wunderbaren Absichten.
Mit nie versagender Schöpferkraft
geschieht Sein souveräner Wille.

Seine Absichten nehmen schnell Gestalt an,
Stunde für Stunde entfalten sie sich.
Die Knospe mag noch einen
bitteren Geschmack haben,
die Blüte aber wird süß sein.

Blinder Unglaube irrt sich immer
und erforscht Seine Werke umsonst.
Gott muss nicht interpretiert werden,
Er drückt sich klar und verständlich aus.[29]

Was für ein unglaublicher Ausdruck der Anbetung aus einem Herzen, das davon überzeugt ist, dass wir Gott unser Leben rückhaltlos anvertrauen können! Cowper betete ihn als den Einen an, der alles unter Kontrolle hat – selbst wenn

29 William Cowper, „God Moves in a Mysterious Way", 1774, übertragen aus dem vorliegenden englischsprachigen Text

er Gottes Wege in seinem Leben nicht verstand, war er doch überzeugt davon, dass Gott seinen guten, erfreulichen und vollkommenen Willen ausführte. In dem Kirchenlied wird erklärt: „Gott braucht keinen Dolmetscher.“ Anders ausgedrückt bedeutet das, dass wir nicht immer für ihn sprechen oder ihn begreifen können. Zu gegebener Zeit werden wir die Wunder, die er tut, verstehen.

Das Erstaunlichste an diesem Kirchenlied ist die Tatsache, dass Cowper manisch-depressiv war – eine Krankheit, die ihn jahrelang plagte und von der die Ärzte seinerzeit nicht viel Ahnung hatten. Wie unfassbar, dass er solch ein ausdrucksvolles Lied über die Allmacht Gottes schreiben konnte, obwohl er Tag für Tag unter einer derart düsteren Wolke leben musste! Und genau genommen, einen Tag nachdem er dieses Lied verfasst hatte, verfiel Cowper in schwere Depressionen, von denen er sich zeitlebens nicht mehr erholte. Das ist in sich ein großes Geheimnis.

Ja, da gibt es einige Dinge, die wir nicht verstehen werden, solange wir auf Erden sind. Irgendwann müssen wir uns einfach dem Geheimnis beugen. Warum müssen junge Menschen manchmal so früh sterben? Warum können manche Menschen, die so gut mit Kindern umgehen können, keine eigenen Söhne oder Töchter bekommen? Warum schlägt ein Tsunami so erbarmungslos zu, dass in einem Augenblick Hunderttausende von Leben ausgelöscht werden? Theologen und Philosophen können mit einigen interessanten und manchmal auch überzeugenden Argumenten aufwarten.

Für diejenigen aber, die sich inmitten solcher Umstände befinden, sind diese intellektuellen Antworten keine wirkliche Hilfe in ihrer seelischen Not, obwohl sie vielleicht Denkanstöße oder Erklärungen bieten. Manchmal bleibt uns in unserem Schmerz und unserer Verwirrung nichts anderes übrig, als uns unter das Geheimnis zu beugen, in dem Wissen, dass der, der gibt und nimmt, unendlich viel weiser und liebevoller ist, als wir es jemals ergründen und erfassen können.

Wenn wir auch in unserem ganzen irdischen Leben keine Erklärung für manche Erfahrungen finden können, im Himmel bleiben keine Fragen offen. Die, die in Christus sind, werden irgendwann einmal alles verstehen. Der Verfasser des Römerbriefs erklärt es folgendermaßen:

> Denn ich bin überzeugt, dass die Leiden der jetzigen Zeit nicht ins Gewicht fallen gegenüber der Herrlichkeit, die an uns geoffenbart werden soll (Kap. 8,18).

Unser Fundament ist die unerschütterliche Hoffnung auf das Kommende – denn unser jetziges Leid, so real und schrecklich es auch sein mag, ist nichts gegenüber der Herrlichkeit, die in uns geoffenbart werden soll. Der Apostel Paulus ermutigt uns:

> Darum lassen wir uns nicht entmutigen; sondern wenn auch unser äußerer Mensch zugrunde geht, so wird doch der innere Tag für Tag erneuert.
>
> Denn unsere Bedrängnis, die schnell vorübergehend und leicht ist, verschafft uns eine ewige und über alle Maßen gewichtige Herrlichkeit, da wir nicht auf das Sichtbare sehen, sondern auf das Unsichtbare; denn was sichtbar ist, das ist zeitlich; was aber unsichtbar ist, das ist ewig (2. Korinther 4,16-18).

Auf unerklärliche Weise wird dieser Schmerz, der unser Innerstes mit solcher Gewalt bis ins Mark erschüttert, nur noch ein bloßes Flüstern sein, verglichen mit dem Glanz und der Zufriedenheit, die uns eines Tages zuteil werden. Das ist die gute Nachricht aus einem fernen Land, der Abglanz zukünftiger, leuchtender Hoffnung. Hierbei handelt es sich jedoch nicht um Weltflucht, denn obwohl diese Hoffnung uns erst am bestimmten Tag völlig enthüllt werden wird, können wir doch jetzt in Christus leben und er in uns. Wir gehen weiter, als Betrübte, aber immer fröhlich, als Arme, die doch viele reich machen; als solche, die nichts haben und doch alles besitzen.

Der Weg zu unserem endgültigen Bestimmungsort wird in der Tat von Leid gezeichnet sein. Jesus sucht Anbeter, die sich ihm trotz Schmerz und Leid hingeben, ein Volk, in dessen Seele ganz tief unten der Satz „Gepriesen sei Dein Name!“ erklingt. Ganz gleich, durch wie viel schmerzliche Situationen wir im Leben auch gehen müssen; ER ist jede Mühe wert.

Blessed Be Your Name

Blessed be Your Name in the land that is plentiful,
Where Your streams of abundance flow,
Blessed be Your name.
And blessed be Your name when I'm found in the desert place,
Though I walk through the wilderness,
Blessed be Your name.

Every blessing You pour out I'll turn back to praise.
And when the darkness closes in, Lord,
Still I will say,

Blessed be the name of the Lord,
Blessed be Your name.
Blessed be the name of the Lord,
Blessed be Your glorious name.

Blessed be Your name when the sun's shining down on me,
When the world's „all as it should be",
Blessed be Your name.

And blessed be Your name on the road marked with suffering,
Though there's pain in the offering,
Blessed be Your name.

Every blessing You pour out I'll turn back to praise.
And when the darkness closes in, Lord,
Still I will say,

Blessed be the name of the Lord,
Blessed be Your name.
Blessed be the name of the Lord,
Blessed be Your glorious name.

You give and take away,
You give and take away,
my heart will choose to say,
„Lord, blessed be Your name".

Dank

Ich danke Don Williams,

Louie Giglio und Andy Hickford für ihre

Unterstützung und ihre Rückmeldungen,

Claire Prosser und Ellie Redman

für eine Menge Recherchearbeit und Hilfe,

Andrew Philip und Andy Hutch

für ihr künstlerisches Bemühen,

Jo Trevor für die Statistiken,

Pastor Jack Hayford

für die weisen Eingangsworte,

allen bei Regal Books in den U.S.A.

und Hodder and Stoughton in Grossbritannien

Schriftstellenverweise in diesem Buch

Nachstehend eine Liste der Bibelstellen, die in diesem Buch zitiert wurden. Wir hoffen, dass sie dich motivieren, dein Bibelstudium weiter zu vertiefen und Gott anzubeten.

Kapitel 1

Doch immer wieder muss ich daran denken und bin erfüllt von Verzweiflung und Schwermut. Ich will mich an etwas anderes erinnern, damit meine Hoffnung wiederkommt: Von Gottes Güte kommt es, dass wir noch leben. Sein Erbarmen ist noch nicht zu Ende, seine Liebe ist jeden Morgen neu und seine Treue unfassbar groß.
Klagelieder 3,20-23, *GNB (Gute Nachricht Bibel)*

Wie lange, o HERR, willst du mich ganz vergessen?
Wie lange verbirgst du dein Angesicht vor mir?
Wie lange soll ich Sorgen hegen in meiner Seele,
Kummer in meinem Herzen tragen Tag für Tag?
Wie lange soll mein Feind sich über mich erheben?
Ich aber vertraue auf deine Gnade;

mein Herz soll frohlocken in deinem Heil.
Ich will dem HERRN singen, weil er mir wohlgetan hat!
Psalm 13,2-3; 6

Was betrübst du dich, meine Seele,
und bist so unruhig in mir?
Harre auf Gott,
denn ich werde ihm noch danken
für die Rettung, die von seinem Angesicht kommt!
Psalm 42,6

Kapitel 2

Und wenn ein Glied leidet, so leiden alle Glieder mit; und wenn ein Glied geehrt wird, so freuen sich alle Glieder mit.
1. Korinther 12,26

Mein Gott, mein Gott, warum hast du mich verlassen?
Psalm 22,2; Markus 15,34

Wenn es so sein soll – unser Gott, dem wir dienen, kann uns aus dem glühenden Feuerofen erretten, und er wird uns bestimmt aus deiner Hand erretten, o König! Und auch wenn es nicht so sein soll, so wisse, o König, dass wir deinen Göttern nicht dienen und auch das goldene Bild nicht anbeten werden, das du aufgestellt hast!
Daniel 3,17-18

Ich aber wäre fast zu Fall gekommen.
Beinahe hätte ich den Boden unter den Füßen verloren.
Denn ich habe die stolzen Menschen beneidet,
als ich sah, wie gut es ihnen trotz ihrer Bosheit ging.
Sie scheinen ein sorgloses Leben zu führen
und sind stark und gesund.
Sie müssen sich nicht wie die anderen Menschen abmühen
und werden nicht wie alle übrigen von Sorgen geplagt.
War es denn völlig umsonst, dass ich mein Herz rein hielt
und kein Unrecht beging?
Ich muss dir wie ein unvernünftiges Tier erschienen sein.
Doch ich gehöre noch immer zu dir,
du hältst meine rechte Hand.
Du wirst mich nach deinem Rat leiten
und mich schließlich in Ehren aufnehmen.
Wen habe ich im Himmel außer dir?
Du bist mir wichtiger als alles andere auf der Erde.
Selbst krank und völlig geschwächt,
bleibt Gott der Trost meines Herzens,
er gehört mir für immer und ewig.
Psalm 73,2-5;13,22-26, *NLB (Neues Leben Bibel)*

Freut euch allezeit! Betet ohne Unterlass! Seid in allem dankbar; denn das ist der Wille Gottes in Christus Jesus für euch.

1. Thessalonicher 5,16-18

Als Betrübte, aber immer fröhlich, als Arme, die doch viele reich machen; als solche, die nichts haben und doch alles besitzen.
2. Korinther 6,10

Kapitel 3

Seid in allem dankbar; denn das ist der Wille Gottes in Christus Jesus für euch.
1. Thessalonicher 5,18

Achtet es für lauter Freude, wenn ihr in mancherlei Anfechtungen geratet, da ihr ja wisst, dass die Bewährung eures Glaubens standhaftes Ausharren bewirkt. Das standhafte Ausharren aber soll ein vollkommenes Werk haben, damit ihr vollkommen und vollständig seid und es euch an nichts mangelt.
Jakobus 1,2-4

Dann werdet ihr euch jubelnd freuen, die ihr jetzt eine kurze Zeit, wenn es sein muss, traurig seid in mancherlei Anfechtungen, damit die Bewährung eures Glaubens (der viel kostbarer ist als das vergängliche Gold, das doch durchs Feuer erprobt wird) Lob, Ehre und Herrlichkeit zur Folge habe bei der Offenbarung Jesu Christi.
1. Petrus 1,6-7

Darum habe ich Wohlgefallen an Schwachheiten, an Mißhandlungen, an Nöten, an Verfolgungen, an Ängsten um des Christus willen; denn wenn ich schwach bin, dann bin ich stark.
2. Korinther 12,10

Wenn ihr Schweres ertragen müsst, dann erkennt darin die Zurechtweisung Gottes; denkt daran, dass Gott euch als seine Kinder (griechisch: Söhne) behandelt; wer hat je von einem Sohn gehört, der nie bestraft wurde? Wenn Gott euch nicht zurechtweist, wie er es doch bei allen Menschen tut, dann heißt das, dass ihr nicht seine rechtmäßigen Kinder seid. Wenn ihr aber ohne Züchtigung seid, an der sie alle Anteil bekommen haben, so seid ihr ja unecht und keine Söhne! Denn unsere leiblichen Väter haben uns eine Zeit lang erzogen, so gut sie es konnten. Aber Gottes Erziehung ist immer richtig und gut für uns, weil sie bedeutet, dass wir Anteil an seiner Heiligkeit erhalten. Keine Strafe ist angenehm, und während wir sie erleiden, ist sie immer schmerzlich! Doch danach werden diejenigen, die auf diese Weise geformt werden, inneren Frieden und ein Leben in der Gerechtigkeit gewinnen.
Hebräer 12,7-8;10-11 *NLB (Neues Leben Bibel)*

Weil Gott wollte, dass viele Kinder Gottes in sein herrliches Reich aufgenommen werden, hat er den, der sie zur Rettung führen sollte, durch Leiden zur Vollendung gebracht. Das

war der angemessene Weg für Gott, den Ursprung und das Ziel von allem.
Hebräer 2,10 *GNB*

So gibt es jetzt keine Verdammnis mehr für die, welche in Christus Jesus sind.
Römer 8,1

Ihr gedachtet mir zwar Böses zu tun; aber Gott gedachte es gut zu machen, um es so hinauszuführen, wie es jetzt zutage liegt, um ein zahlreiches Volk am Leben zu erhalten.
1. Mose 50,20

Dem zweiten aber gab er [Joseph] den Namen Ephraim; denn er sprach: Gott hat mich fruchtbar gemacht im Land meines Elends.
1. Mose 41,52

Jede Rebe an mir, die keine Frucht bringt, nimmt er weg; jede aber, die Frucht bringt, reinigt er, damit sie mehr Frucht bringt.
Johannes 15,2

Kapitel 4

Geht ein zu seinen Toren mit Danken, zu seinen Vorhöfen mit Loben; dankt ihm, preist seinen Namen!
Psalm 100,4

Ich danke dir dafür, dass ich erstaunlich und wunderbar gemacht bin; wunderbar sind deine Werke, und meine Seele erkennt das wohl!
Psalm 139,14

Vergiss nicht, was er dir Gutes getan hat!
Der dir alle deine Sünden vergibt und heilt alle deine Gebrechen; der dein Leben vom Verderben erlöst, der dich krönt mit Gnade und Barmherzigkeit; der dein Alter mit Gutem sättigt, dass du wieder jung wirst wie ein Adler.
Psalm 103,2-5

Kapitel 5

Der HERR hat gegeben, der HERR hat genommen; der Name des HERRN sei gelobt!
Hiob 1,21

Denn ich bin überzeugt, dass die Leiden der jetzigen Zeit nicht ins Gewicht fallen gegenüber der Herrlichkeit, die an uns geoffenbart werden soll.
Römer 8,18

Darum lassen wir uns nicht entmutigen; sondern wenn auch unser äußerer Mensch zugrunde geht, so wird doch der innere Tag für Tag erneuert.

Denn unsere Bedrängnis, die schnell vorübergehend und leicht ist, verschafft uns eine ewige und über alle Maßen gewichtige Herrlichkeit, da wir nicht auf das Sichtbare sehen, sondern auf das Unsichtbare; denn was sichtbar ist, das ist zeitlich; was aber unsichtbar ist, das ist ewig.
2. Korinther 4,16-18

Buchempfehlungen zum Thema Leid

D. A. Carson
Ach Herr, wie lange noch?
[Pb] Verlag der FRANCKE-Buchhandlung GmbH, Marburg
ISBN 3-86122-102-0

Clive S. Lewis
Über den Schmerz
Brunnen Verlag GmbH, Gießen (2005)
ISBN 3-7655-3355-6

Philip Yancey
Wo ist Gott in meinem Leid?
Projektion J Verlag GmbH (2002)
ISBN 3-89490-422-4

Weitere Informationen:
www.mattredman.com

Auszug aus unserem Verlagsprogramm:

Steve FRY	**Neu entfacht** Gott mit Leidenschaft suchen
Steve FRY	**Ich bin der Ich bin** Gott offenbart sich
David DAVIS	**Der Weg zum Berg Karmel** Der dramatische Weg eines Ehepaares vom Broadway zum Berg Karmel
John HAGEE	**Endspurt: Noch zwei Minuten!**
Jack W. HAYFORD	**Warum für Israel beten?** 8 Gründe, warum wir an der Seite Israels stehen sollten
Sam HINN	**Von Angesicht zu Angesicht** Komm in seine wunderbare Gegenwart
Larry KREIDER	**Sehnsucht nach geistlichen Vätern und Müttern** Eine begeisternde Vision für authentische und fürsorgliche Beziehungen
Larry KREIDER	**Von Haus zu Haus** Zellgruppen-Gemeinde, das Erfolgsmodell der Ur-Gemeinde
Jamie LASH	**Die Jüdische Hochzeit** Ein Sinnbild für die Gemeinde Jesu – Der Messias kehrt zu seiner Braut zurück

Iverna TOMPKINS **In Gottes Zeitplan**
Gottes Plan für unser Leben

Iverna TOMPKINS **Gefällt es dem König**
Esthers Geheimnis

Auf unserer Internetseite: **www.teamwork17-12.de** finden Sie neben unserem kompletten Buch- und Musikprogramm (CDs, DVDs) auch T-Shirts und Grußkarten. Selbstverständlich finden Sie auf der Webseite auch Lese- und Hörproben.

Auf Wunsch senden wir Ihnen unser Verlagsprogramm per Post zu. Sie können es anfordern unter:

teamwork 17.12
Verlag, Musik + Handel GmbH
Industriestrasse 9
61191 Rosbach-Rodheim
E-Mail: info@teamwork17-12.de

Wir bedanken uns bei Ihnen.

teamwork 17.12
Verlag, Musik+Handel GmbH

Jamie LASH	**A Kiss a Day** 77 Andachten führen uns tiefer in das Hohelied und in Gottes Liebe
Bruder LORENZ/ Frank LAUBACH	**Leben in Gottes Gegenwart** Wie ist es möglich, Jesus in der heutigen Zeit entschlossener nachzufolgen und tiefer zu erkennen?
Susan MARKUS	**Kommt in sein Tor** und entdeckt die jüdischen Wurzeln des Glaubens
Ruth MYERS	**31 Tage Lobpreis** Kommen Sie in seine Gegenwart mit Lobpreis
Sigi OBLANDER	**Zieh mich hin zu Dir Herr,** lass uns zusammen laufen Eine Auslegung des Hohen Liedes
Herm. J. SCHNEIDER	**Das Schofar**
Robert STEARNS	**Bereitet den Weg** Zwölf Meilensteine für die Gemeinde der Zukunft
Robert STEARNS	**Hüter der göttlichen Flamme** Ein Aufruf an den Leib Christi, den Auftrag als Fürbitter wieder wahrzunehmen
Iverna TOMPKINS	**Gott und ich** Glaube und Gebet eine machtvolle Kombination
Iverna TOMPKINS	**Abhängig von Gnade** Lernen von und mit den Klageliedern